Gesprochenes Deutsch

Adrienne

adapted by

Michèle Tavernier,
with assistance from
Wanda Bortel and
Ursel Bähr

W · W · NORTON & COMPANY

New York · London

Reissued 1999 under the title *Gesprochenes Deutsch*
Previously published under the titles *Der Gimmick: Gesprochenes
Deutsch* and *Gimmick I: Gesprochenes Deutsch*
Copyright © 1977 by Adrienne Penner
First published in Great Britain 1977
Adopted from the French edition (Flammarion, 1975)

Library of Congress Cataloging in Publication Data
Adrienne.
Gimmick I: gesprochenes deutsch

"Adapted from the French edition (Flammarion, 1975)"
English and German; pref. in English.
1. German language—Spoken German. 2. German
language—Conversation and phrase books. I. Travernier,
Michèle. II. Bortel, Wanda. III. Bähr, Ursel.
IV. Title: Der gimmick: gesprochenes Deutsch.
PF3121.A25 1977   438.3′4′21 77-6433

ISBN 0-393-31823-0

W. W. Norton & Company, Inc., 500 Fifth Avenue, New York, NY 10110
http://www.wwnorton.com

W. W. Norton & Company Ltd.,10 Coptic Street, London WC1A 1PU

1 2 3 4 5 6 7 8 9 0

CONTENTS

PREFACE

WHAT IS THE GIMMICK?

An international vocabulary learning method

Perhaps I should begin with what the Gimmick is not. It is not a serious scholarly book. It *is* the answer to your problems in speaking and understanding German — a method of acquiring an international vocabulary. There is a basic vocabulary of words and expressions which is the same in any language. If I go abroad tomorrow, I shall want to use just such material as is found in the French, German and Spanish Gimmicks. Wherever I am, I need to be able to say: 'in jail', 'it's now or never', 'he drinks like a fish', 'a cop', etc. The Gimmicks are expressly designed to supply exactly these essentials, and an internationally valid method of learning them — hence, their great success in every country in which they have appeared.

Programmed German

This method depends on the arrangement of the material in progressive order of difficulty, and on the grouping of words, for it has been proved that it is far easier to learn three, four or five associated words at once than to learn them singly. So, I have grouped words which logically go together, including among them colloquial-slang expressions which are the vital element in natural everyday speech. It is up to you which word you prefer to use, and all are important for comprehension, but if you want to speak the language 'like a native', I suggest you concentrate on the colloquial usage, which is marked by *.

Learning a language as it is actually spoken is of the utmost importance in the modern language scene. Once it used to be enough to know a few elementary sentences to enable you to get by in a simple exchange with a shop-keeper or hotelier, but nowadays more and more people from both Britain and America are finding themselves in social situations when they go abroad. Their vocabulary is just not adequate. They are entirely at sea when it comes to conversing in the 'relaxed' idiom of the country. The dictionaries can't help them, seldom being up-to-date and always ignoring in their formal approach the dynamics that make a modern language 'tick'. An executive can more or less cope in business meetings limited to the technical language of his subject, but flounders helplessly in the simplest social context 'after hours'. Several years of academic study of German will have resulted in his speaking the language only 'too well': to native speakers he will sound too stiff, too yesterday, and much of what they say will pass him by.

The solution is simple: make good use of the Gimmicks, which can serve as exercise books (with or without a teacher), class books, or reference books, and are intended for students of intermediate level with a vocabulary range of 5 000+ words.

For the student

When using this book to teach yourself, choose your own pace, but stick to it till you reach the end — 50+ new words and phrases a week is a suitable amount. I have omitted all heavy grammatical explanations to give an informal, relaxed approach. The * indicates only that the word or expression is colloquial or slangy, the really colourful ones are grouped at the back of the book in a special section. As I have mentioned, this book is intended for students of intermediate level, and the fact that you may initially find it hard going just indicates how antiquated the present system of language teaching is. Don't be discouraged, fluency will rapidly come if you persist, simply because what you are learning is what you need to **use** and to **understand**. Students sometimes think their failure to understand the spoken language occurs be-cause the Germans speak 'too quickly'. My answer is that a German girl can say 'er hat mich versetzt' as slowly as you like, but if you don't know the idiomatic meaning (he stood me up), you will never understand. The Gimmicks are an organized approach to this problem of vocabulary, both in speaking and understanding.

For teachers A written test should be given after every four pages, and supplementary exercises; dictation, debates, scene-playing, summaries of newspaper articles, etc., are indispensable. Beginners learn quickly, because they start from zero, with everything ahead of them. For the more advanced students at intermediate level, the problem is quite different. Their progress is difficult both for the teacher and for themselves to assess, and they need to make a concentrated effort to increase their scope along the right lines. It is easy to lose sight of the basic fact that not all new words and expressions are of equal value to them. There must be a structured frame-work to allow them to increase their vocabulary usefully from whatever level they have reached. For beginners, the first words they learn will always include 'Tisch', 'Stuhl', 'Mann' and so on, but there are priorities at more skilled levels which are just as important. I have broken down the German language to allow students to continue in a similar logical progression from a more advanced stage, and so provide the same satisfaction in their improving vocabularly which so pleases beginners. The Gimmicks are the first books to offer such vocabulary programming.

The psychology of a people is reflected in the vitality of its language, and the Gimmicks attempt to capture just that for the student, the teacher and the translator.

VERBS

The key to any sentence is its verb, which is why an exercise in the most common verbs in daily use — for which it is often difficult to think of the exact equivalent in another language — comes at the beginning of this book.

An asterisk (*) denotes colloquial usage; a stroke (/), an alternative meaning; and a crossed stroke (≠), an opposite-associated meaning.

Abbreviations used in the English section are: s.o. =someone, stg. = something; and in the German: etw. = etwas, jm. = jemandem (dat.), jn. = jemanden (acc.), s. = sich.

VERBEN

1. a. I've no time	ich habe keine Zeit
b. it's time (to go)	es ist Zeit (zu gehen)
c. time's up	die Zeit ist um
2. a. to look for / be on the look out for	suchen nach, Ausschau halten nach, auf der Suche sein nach, schauen, ausschauen nach
b. to fetch / pick up	abholen, holen
3. a. to look after / take care of	sorgen für, sich kümmern um, s. beschäftigen mit, betreuen
b. to take care over	sorgfältig etwas tun / machen, Sorgfalt verwenden auf
c. to be in charge of	beauftragt / betraut sein mit, die Aufgabe haben, den Auftrag erhalten haben, verantwortlich sein für
d. to carry out, fulfil	(ein Urteil, einen Befehl) vollstrecken, eine Aufgabe, einen Befehl ausführen / durchführen, zu Ende führen, erfüllen (Pflicht)
4. a. to go out	weggehen, rausgehen, ausgehen, hinausgehen
b. they're out, they aren't in	sie sind nicht zu Hause / nicht da / nicht anwesend, sie sind ausgegangen / weggegangen / weg
c. to stay in / at home	zu Hause bleiben, daheim bleiben, hierbleiben, dableiben
5. a. to keep on / carry on	weitermachen, fortfahren, fortsetzen
b. to keep up / keep the pace up	mitkommen, mithalten, Schritt halten, im Takt bleiben, das Tempo beibehalten, *nicht aus dem Tritt kommen
6. a. call / ring me up	rufe / läute mich an, * hänge dich an die Strippe, * bimmle mich an
b. hold the line, please	bleiben Sie bitte am Apparat / dran !, hängen Sie bitte nicht auf!
c. who's calling? , whose name shall I say?	wer ist am Apparat? wer spricht bitte? wen darf ich melden ?
d. we were cut off	jemand hat uns unterbrochen, wir wurden unterbrochen

2

VERBS

1. a. to have a row / a run-in

s. zanken / streiten /* in die Wolle kriegen /* in den Haaren liegen / aufeinander böse sein / wütend sein /* sauer sein auf jn. /* einen Hass (haben) schieben auf jn.

b. to get even with s.o.

sich bei jm. revanchieren, Rache nehmen / üben an jm., s. rächen

c. to pay s.o. back / out for stg.

jm. etw. heimzahlen

d. to make up / bury the hatchet

s. wieder vertragen, s. versöhnen, wieder in Frieden leben, den Zwist / das * Kriegsbeil begraben

e. to straighten stg. out

etw. in Ordnung bringen /* hinbiegen, *ausbügeln

f. to get on well / hit it off with s.o.

s. gut verstehen / gut auskommen mit jm., * die gleiche Wellenlänge, * Antenne haben

g. I like him / I take to him

er gefällt mir / ist mir sympathisch, ich mag ihn gern / kann ihn gut leiden, * mit dem kann man gut Kirschen essen

2. a. to let out / give stg. away

verraten, enthüllen, ausplaudern, *aus der Schule plaudern, * die Katze aus dem Sack lassen

b. it turned out that . . .

es hat sich herausgestellt / gezeigt / erwiesen, dass . . .

c. it will come out / get out

es wird zu Tage treten / ans Licht kommen / bekannt werden

3. a. to give up / quit

aufhören, aufgeben, nicht durchhalten, * die Flinte ins Korn werfen

b. I give up !

ich geb's auf!

4. a. to put off / postpone

(eine Arbeit) aufschieben, verschieben, hinausschieben, *auf die lange Bank schieben, (eine Konferenz) vertagen

b. to call off / cancel

(eine Einladung) absagen, * (einen Streik) abblasen, (ein Abonnement) abbestellen, (einen Vertrag) kündigen, rückgängig machen, (das Wort) zurücknehmen

3

VERBEN

1. a. to be interested / take an interest in
sich interessieren für

b. to have an interest in
interessiert sein an

c. to show interest in
sich interessiert zeigen für, Interesse zeigen an

2. a. to leave out / skip
auslassen, weglassen, überspringen

b. to leave vacant
aussparen, frei lassen

c. to cross out
streichen, austreichen, * durch-x-en (Schreibmaschine)

d. to fill in
ausfüllen

3. a. to borrow stg. from s.o. / touch s.o. for stg.
etw. von jm. borgen / ausborgen / leihen / entleihen, s. etw. von jm. ausleihen / *pumpen, jn. um etw. * anpumpen

b. to lend / loan s.o. stg.
jm. etw. leihen / ausleihen, an jn. etw. verleihen

c. to give / bring / pay back
zurückgeben / -bringen / -zahlen

4. a. to look over / check out / put the acid test
kontrollieren, prüfen, testen, * checken, jn. auf die Probe stellen /* unter die Lupe nehmen /* auf Herz und Nieren prüfen

b. to sound s.o. out
*jn. auf den Zahn fühlen

c. to look / leaf through
etw. durchsehen / durchblättern

d. take a look at that / it
schauen Sie sich das mal an!, sehen Sie sich das an!, werfen Sie einen Blick darauf!, *gehen Sie das mal durch, werfen Sie ein Auge hinein

5. a. it doesn't make sense
es hat weder Hand noch Fuss

b. it doesn't hold water
es ist nicht stichhaltig

c. to mix up / confuse / get confused
verwirren, durcheinander bringen / den Faden verlieren, ich bin aus dem Konzept gekommen ich bin ganz durcheinander

d. to figure out / get the hang of
entziffern, enträtseln, entschlüsseln /* den Dreh rauskriegen

e. to clear up / resolve
klären, aufklären, bereinigen

4

VERBS

1. a. don't laugh at me!	machen Sie sich nicht über mich lustig! lachen Sie mich nicht aus!
b. to joke / fool around	spassen, Witze machen, * albern, * blödeln, * Witze reissen
c. for the fun / hell of it	zum / aus Spass, nur mal so, * aus Blödsinn
2. a. make a note of it / don't forget it	notieren / merken Sie s. das (gut)!
b. to take / note / job stg. down	etw. notieren / aufnotieren / aufschreiben / festhalten / zu Papier bringen
c. to rough out / draft / compose	entwerfen, skizzieren, aufsetzen, verfassen, abfassen
3. a. to be in good (bad) shape	in guter (schlechter) Verfassung sein, * gut beieinander sein
b. to get over stg. / live stg. down	etw. überwinden / überstehen, über etw. hinwegkommen
c. to pull through	durchkommen, s. durchboxen, s. durchschlagen
4. a. I can't get over it!	ich komme nicht aus dem Staunen heraus / kann es kaum fassen, * ich bin platt / perplex / überrascht / verdutzt / * baff, * von den Socken
b. I was taken aback / bowled over	das hat mir den Atem geraubt / hat mich umgeworfen, * mir blieb die Spucke weg, * mir hat's die Sprache verschlagen
5. a. to strip	s. ausziehen / entkleiden / entblössen, Kleider ablegen, die Hüllen fallen lassen, *strippen
b. to have on / be wearing	anhaben, tragen
c. to have on	bei sich haben / tragen, dabei haben
d. dressed up / dolled up	wie aus dem Ei gepellt, aufgeputzt, geschniegelt (und gestriegelt)
6. a. to make / shoot a film	einen Film machen / drehen
b. to play the minor role (the leading part) / to star in	die Nebenrolle (Hauptrolle) spielen
c. what's on? (movie . . .)	was wird gespielt? was gibt's?

5

VERBEN

1. a. to take stg. up / start stg.	etw. unternehmen, s. an etw. machen, etw. anfangen / beginnen / zur Tat schreiten
b. we must do stg.	wir müssen etw. unternehmem, da muss etw. geschehen
c. to get down to stg.	etw. in Angriff nehmen /* einer Sache zu Leibe rücken
d. to set up	gründen, begründen, konstituieren, ins Leben rufen, schaffen, erschaffen
e. cope with	erledigen, regeln, in Ordnung bringen
2. a. things are looking up	die Geschäfte gehen besser, es geht aufwärts
b. it's no good / stg.'s gone wrong	* es klappt nicht, es geht nicht / etw. ist * schiefgegangen
c. to wipe out	zerstören, vernichten, zerschlagen, zertrampeln, mit * Stumpf und Stiel ausrotten, * kaputtmachen, alles kurz und klein schlagen, zu Grunde richten
d. to run into a problem	auf ein Problem (eine Schwierigkeit) stossen
3. a. I feel like . . .	ich habe Lust auf . . . ich möchte gern
b. to be gung ho on / to go ape over / flip over / keen on	das gefällt mir, es macht mir Spass / schön finden, * auf etw. stehen, begeistert / verrückt, versessen / wild sein auf
c. to be disappointed in / with	enttäuscht sein von
d. I'm set on it	es liegt mir viel daran
e. I don't go on it / for it	das gefällt mir nicht
f. to be inclined / have a tendency to	neigen zu, einen Hang haben für
g. to go in for (sports . . .)	ausüben, treiben, praktizieren
4. a. to stop off	eine Zwischenlandung / Zwischenaufenthalt machen, einen Hafen anlaufen
b. to take off (plane) ≠ to land	starten, abfliegen ≠ landen
c. to put on the stand-by list	auf die Warteliste setzen / schreiben

6

VERBS

1. a. to cut down (on) / economize

Ausgaben reduzieren, weniger ausgeben, den *Gürtel enger schnallen, sparen, * knausern, *knapsen

b. to run up bills

Schulden machen, einen Kredit aufnehmen, *bei jm. in der Kreide stehen, * bis über beide Ohren in Schulden stecken, mit Schulden überlastet / überhäuft sein

c. to pay back / make good / compensate

zurückzahlen, entschädigen, wiedergutmachen, ausgleichen, kompensieren

d. to blow / run through / to waste (money)

verschwenden, verschleudern, * verpulvern, *aus dem Fenster werfen

e. to put / stash away money

sparen, * auf die hohe Kante legen, zurücklegen, beiseitelegen, auf die Seite legen, das Geld zusammenhalten, Ersparnisse machen

2. a. to beat so.. / lick the pants off of s.o. (at a game)

jn. schlagen, * an die Wand drücken, in die Tasche stecken, besiegen, * unterkriegen

b. ≠ to win hands down

haushoch gewinnen, überlegen siegen

3. a. to give birth (to)

gebären, zur Welt bringen, auf die Welt bringen, * ein Kind kriegen

b. I was born . . .

ich bin geboren, ich bin zur Welt gekommen

c. to grow up

erwachsen werden

d. ≠ to pass away / kick off

sterben, * ins Gras beissen, die Augen schliessen, * abkratzen, * krepieren, entschlafen, * den Geist aufgeben, aus dem Leben scheiden, * in die ewigen Jagdgründe eingehen (much used by Karl May), das Zeitliche segnen

e. he's well brought up

er ist gut erzogen, er hat gute Manieren, er hat eine gute Kinderstube

4. a. to be aware of

s. einer Sache bewusst sein

b. ≠ to be oblivious to

etw. nicht bemerken / beachten, blind sein für etw.

VERBEN

1. a. I'm swamped with / flooded with work

* ich stecke bis über beide Ohren in der Arbei die Arbeit wächst mir über den Kopf, ich bin mit Arbeit überlastet, ich kann die Arbeit nicł bewältigen, ich komme mit der Arbeit nicht zu Rande

b. to toil / drudge

arbeiten wie ein * Wilder, * büffeln, * pauken *ochsen, * schuften

c. he's knocking himself out (with work)

er arbeitet /* rackert / schindet s. ab, er arbeitet sich zu Tode

d. to rush into stg.

s. in etw. hineinstürzen, blindlings auf etw. losstürzen, auf etw. losgehen, * s. Hals über Kopf in etw. stützen

e. ≠ to goof off / twiddle one's thumbs

faulenzen, * auf der faulen Haut liegen; nichts tun, * auf der Bärenhaut liegen, *Däumchen drehen, * die Hände in den Schoss legen, * krank feiern, * keinen Streich tun, * dem lieben Gott die Zeit stehlen, * die Zeit totschlagen

2. a. to sell out

liquidieren, ausverkaufen

b. to close down / up

Konkurs anmelden /* die Pforten schliessen, s. für zahlungsunfähig erklären, *den Laden zumachen

c. to turn stg. over to s.o.

übergeben

d. to buy up

aufkaufen

3. a. to butter s.o. up / lay it on

jm. schmeicheln, jm. schön tun, jm. Komplimente machen, * jm. Honig ums Maul schmieren

b. to congratulate

gratulieren, Glück wünschen, beglückwünschen

c. ≠ to find fault with

kritisieren, bemängeln, nörgeln, beanstanden, an etw. herumkritteln, bemäkeln, meckern, etw. auszusetzen haben an

d. to tear s.o. to pieces / to run s.o. down / to down s.o.

*wie Dreck behandeln, * zusammenstauchen, schlechtmachen, * jn. herunterputzen

VERBS

1. a. to turn on / go for / attack	jn. angreifen, anfallen, * überrumpeln, attackieren, * jm. zu Leibe rücken, jm. auf den Pelz rücken
b. to ride roughshod over	jn. hart anfassen, jn rücksichtlos / jn. grob behandeln
c. to bowl s.o. out	jn. anbrüllen, * anschnauzen, * anpfeifen, * anranzen
2.a. I'll bend over backwards / go out of my way	ich werde alles aufbieten, mir die grösste Mühe geben, mich bemühen
b. please . . .	bitte, wenn Sie so gut sein wollen!, wenn ich bitten darf
c. I'll put myself out	ich werde mein Bestes tun, mein Möglichstes tun, alles daransetzen, alles tun was in meiner Macht steht
3. a. he doesn't know a thing / beans about	er weiss nichts, es entzieht sich seiner Kenntnis, er ist überfragt, * er tappt im Dunkeln, er ist genauso schlau wie vorher
b. to have no inkling	keine Ahnung haben, keinen blassen Dunst (Schimmer) haben, * er hat keine Ahnung von Tuten und Blasen
c. to know / be in the know	auf dem laufenden sein, wissen, unterrichtet sein, in Kenntnis gesetzt sein
4. a. to be mad at s.o. / let s.o. have it	jm. einen Verweis / einen Tadel / eine Rüge erteilen, jn. tadeln, ausschelten, ausschimpfen, *jm. eine Zigarre, einen * Rüffel verpassen, *anschnauzen, * anzischen
b. to tell s.o. off	jn. zurechtweisen / in die Schranken weisen / Bescheid sagen
c. to get one's Irish up	zornig / böse / wütend werden, * eine Wut kriegen, in Wut geraten
d. he took it out on her	er liess seinen Zorn an ihr aus, er sagte ihr seine Meinung

9

VERBEN

1. a. to be kept back / held up (with one's work)	gehindert sein, zurückgeblieben sein, verhindert sein, aufgehalten werden von (jn.)
b. to fall behind	* hinterdrein sein, * hinterherhinken, ins Hintertreffen geraten
c. ≠ to make up	nachholen, die Verspätung (die verlorene Zeit) wieder aufholen
2. a. I agree / I go for	ich bin einverstanden, O.K., ich bin ganz deiner Meinung, ich bin dafür, ich stimme mit dir überein, mir ist's recht!
b. not to be willing to	dagegen sein, s. entgegensetzen, s. entgegenstellen, unwillig sein
c. to incline / to be inclined to	neigen zu, tendieren zu
d. to run into opposition (problems)	auf Schwierigkeiten, Hindernisse, Widerspruch stossen, auf Granit beissen
e. to come around to s.o.'s point of view	s. einer Meinung anschliessen, jm. beipflichten, zustimmen
f. to win s.o. over / bring s.o. round	jn. überzeugen, * herumkriegen, überreden
g. to talk s.o. out of stg.	jm. etw. ausreden, jn. von etw. abbringen
h. to bear s.o. out	jm. helfen, jn. unterstützen
3. a. you won't get away with it	es wird Ihnen nicht gelingen, sie werden nicht (ungestraft) davonkommen / durchkommen, * Sie werden nicht ungeschoren davonkommen
b. his number's up / he's done for / he's had it	er ist verloren, er ist am Ende, * er ist fix und fertig, erledigt, es ist aus und vorbei mit ihm
c. to see no way out	keinen Ausweg wissen, weder ein noch aus wissen
d. ≠ to stick it out	durchhalten, aushalten, standhalten, ausharren, nicht aufgeben, durchstehen
4. a. to have a tie-in	in Verbindung, im Zusammenhang stehen mit
b. what's the angle?	Worum handelt es sich? worum geht es?
c. that has nothing to do with it	das hat damit nichts zu tun

VERBS

1. a. to start (stg.) off	beginnen, anfangen, in die Wege leiten, etw. angehen, eröffnen
b. to get through / finish	beenden, fertig machen, Schluss machen, abschliessen
c. to get bogged down	s. im Sande verlaufen
2. a. to forbid	untersagen, verbieten, verwehren
b. ≠ to give in	nachgeben
c. to permit	erlauben, gestatten, gewähren, zulassen, * seinen Segen zu etw. geben, die Genehmigung erteilen, nichts dagegen haben
d. to submit / conform to	s. unterwerfen, s. unterziehen, s. fügen, befolgen, s. anpassen
3. a. I have an appointment	ich bin verabredet, ich habe eine Verabredung
b. to make an appointment	s. verabreden, einen Termin vereinbaren, abmachen
c. to get in touch with s.o.	Kontakt aufnehmen, in Verbindung treten, s. in Verbindung setzen mit
4. a. be quiet!	Ruhe!, halt dich still!, bleib still!, sei still!, verhalte dich ruhig!
b. shut up! / hush up!	still!, schweigen Sie!, * halt's Maul! * halt die Klappe! * die Schnauze!
5. a. to use up	aufbrauchen, verbrauchen
b. to fill in	ausfüllen, einsetzen, eintragen
6. a. to faint / pass out	* umkippen, in Ohnmacht fallen, ohnmächtig werden, * schlappmachen, zusammenbrechen, * zusammenklappen, zu Boden sinken, * aus den Pantinen kippen, jm. wird schwarz vor den Augen, Sterne sehen
b. ≠ to bring s.o. to	wiederbeleben, wieder zu s. bringen
c. to come to (after fainting)	wieder zu s. kommen, die Besinnung wiedererlangen, wieder zu Bewusstsein kommen

VERBEN

1. a. to break off	brechen, nicht einhalten (Vertrag), s. trennen, auseinander gehen (Verhältnis)
b. to back out (of)	s. zurückziehen aus, von etw. zurücktreten, einen Rückzieher machen, ein Versprechen zurückziehen, sein Wort nicht halten
2. a. to get away (prison) / to break out	entfliehen, entlaufen, enteilen, flüchten, davonlaufen, die Flucht ergreifen, entweichen, ausbrechen, * ausrücken, Reissaus nehmen, * türmen
b. to take off / scram	* s. aus dem Staub machen, * Leine ziehen, * verduften, ausreissen
c. to set out	s. auf den Weg machen, s. in Bewegung setzen, * s. auf die Beine machen
d. where are you going?	Wohin gehen Sie?
3. a. to put a damper on	entmutigen, * einen Dämpfer aufsetzen
b. to cheer s.o. up	jm. gut zureden, jn. aufmuntern, aufheitern, jm. Mut zusprechen
c. to be down / blue	* Trübsal blasen, deprimiert, niedergeschlagen, gedrückt sein, etw. schwarzsehen / geknickt sein
4. a. don't worry about it	machen Sie s. nichts daraus!, machen Sie s. keine Sorgen!, machen Sie s. keinen Kummer
b. to make a production out of stg. (work . . .)	eine lange Geschichte daraus machen, * aus einer Mücke einen Elephanten machen
c. ≠ to play down	bagatellisieren, * auf die leichte Schulter nehmen
5. a. to bring on / stir up / trigger off	verursachen, auslösen, bewirken, hervorrufen, veranlassen, herbeiführen, entfesseln, in Gang setzen, ins Rollen bringen / zur Folge haben, provozieren, Unruhe stiften
b. to break out	explodieren (in Streit, Lachen), ausbrechen
c. ≠ to put down (a revolution)	niederschlagen, im Keime ersticken, ein Ende bereiten
d. to wait till stg. blows over	eine Sache ruhen lassen, warten, bis sich der Sturm gelegt hat

12

VERBS

1. a. to try out	probieren, versuchen, ausprobieren, erproben, prüfen
b. to break in (car . . .)	einfahren
2. a. to take on (employees)	anstellen, einstellen
b. ≠ to lay s.o. off, fire	jn. entlassen, * hinausschmeissen, *hinauswerfen, auf die Strasse setzen, kündigen, fortschicken, * jm. den Stuhl vor die Tür setzen, * an die frische Luft setzen
c. to hold down a job	eine Stelle behalten
d. to have pull	Beziehungen haben, Vitamin B haben
3. a. to be a match for s.o.	jm. gewachsen sein, ebenbürtig sein
b. to live up to (one's principles, etc.)	seinen Grundsätzen gemäss leben; seinem Ruf gerecht werden / entsprechen
c. to look up to s.o.	Respekt / Ehrfurcht / vor jm. Achtung haben, jn. bewundern
d. ≠ to look down on s.o.	auf jn. herabschauen, jn. verachten / von oben herab behandeln
4. a. to take s.o. in / put stg. over on s.o.	* jn. übers Ohr hauen /* reinlegen / *beschummeln /* bemogeln / hintergehen / *einseifen, betrügen
b. to make off with stg.	stehlen, wegnehmen, entwenden, rauben, * mausen, * klauen, * stibitzen, * mopsen, beiseite schaffen, * kratzen, * lange Finger haben * in die Kasse greifen, * abstauben, * mitgehen lassen
c. to break into (house)	(in ein Haus) einbrechen
5. a. to put up with s.o.	jn. dulden / ertragen
b. I can't stand him	ich kann ihn nicht leiden / ausstehen * ich kann ihn nicht riechen
6. a. to fall through / come to nothing	scheitern, s. zerschlagen, * ins Wasser fallen
7. a. to be surprised	überrascht / erstaunt / verdutzt / verblüfft / perplex sein
b. to surprise s.o.	jn. überraschen / überrumpeln, verblüffen / aus der Fassung bringen

VERBEN

1. a. to take after	gleichen / ähneln, jm. ähnlich sehen
b. to be related to	verwandt sein mit
c. it runs in the family	das liegt in der Familie
2. a. to call on / visit s.o.	jn. besuchen, bei jm. vorheikommen / zu jm. gehen, jm. einen Besuch abstatten
b. call on us any time	komm (vorbei) wann (immer) du willst
3. a. I'm fed up / sick of	ich habe es satt / über, * es hängt mir zum Hals heraus, * ich habe die Nase voll, ich habe genug
b. I don't give a damn	* es ist mir wurscht /* schnuppe /* schnurz- piepegal, es lässt mich kalt, es ist mir einerlei
4. to turn off / out (light)	auslöschen, ausdrehen, ausschaiten, ausmachen, ausknipsen, abstellen (Radio) / ≠ anzünden, anmachen, anschalten, andrehen, anstellen (Radio)
5. to point out	zeigen / deuten / hinweisen / mit dem Finger zeigen auf
6. to get on (bus) ≠ off	einsteigen (Zug, Auto) ≠ aussteigen
7. a. to kill / to bump off	töten, morden, ermorden, liquidieren, * ins Jenseits befördern, umbringen, * jn. stumm machen, * um die Ecke bringen, * aus dem Weg räumen, * beiseite schaffen, * jm. das Lebenlicht ausblasen, * auspusten, jn. erledigen, * kaltmachen, * abmurksen, * jm. den Garaus machen, * jn. killen
b. to strike down / to floor	zu Boden schlagen / strecken / niederstrecken, niederschmettern
8. a. to be estranged / to drift apart	s. auseinanderleben
b. to split up	s. scheiden lassen, auseinander gehen, s. trennen
c. to settle down	s. niederlassen, s. etablieren, s. ansiedeln, sesshaft werden, Fuss fassen, s. einrichten
9. to come into money	zu Geld kommen, erben, jn. beerben, etw. von jm. erben

14

VERBS

1. to look out on (apartment)	gehen auf, den Blick frei geben auf, liegen nach, Aussicht haben auf
2. to strengthen	festigen, stark machen, verstärken, stärken
3. a. to meet s.o.	jn. treffen, jm. begegnen
b. to run into s.o. / come across s.o.	zufällig treffen, auf jn. stossen, jm. über den Weg laufen
4. to come off / out (e.g. a stain)	weggehen, herausgehen
5. to turn out / manufacture / produce	herausbringen / herstellen, anfertigen, produzieren
6. to put down / set down	abstellen, hinstellen, ablegen, hinlegen
7. to wink at s.o.	mit den Augen zwinkern, mit den Augendeckeln klimpern, jm. zublinzeln / zuzwinkern
8. a. to cut up (in slices)	in Stücke / in Scheiben schneiden
b. to cut out	ausschneiden
c. tear it up!	zerreissen Sie es!, zerfetzen Sie es!
9. to stand out	hervortreten, s. herausheben, s. hervorheben, herausragen, s. auszeichnen
10. a. I don't want to bother you / to put you out	ich möchte Sie nicht stören
b. I'm very grateful to you	ich bin Ihnen sehr dankbar
c. you're welcome	bitte, es war mir ein Vergnügen, keine Ursache, gern geschehen
11. to show off / put it on	* grosstun, prahlen, * protzen, * Schaum schlagen, * den Mund voll nehmen, * Wind machen, s. aufspielen, * dick auftragen, *grosse Reden schwingen, * grosse Töne spucken, das grosse Wort führen, angeben
12. to pay attention to / to look out for	aufpassen auf, achtgeben, achten auf, ein Auge haben auf / gefasst sein auf, auf der Hut sein vor (+ Dat.)

VERBEN

1. a. to have a knack for	etw. gut verstehen, er hat etw. los, * den Dreh raus haben
b. to have a gift for	begabt sein für, stark sein in, gut bewandert sein in, gut beschlagen sein in
2. a. what's up? what's going on?	was passiert? was geschieht? was ist los?
b. what are you up to?	was machst (* treibst) du da?, was zettelst du an?, * was heckst du aus?, was fädelst du ein?
c. stg.'s up	etw. bereitet s. vor, da hat s. was, es braut s. etw. zusammen, da ist was los, * da tut sich was
3. a. to draw up (papers)	ausstellen, ausfertigen
b. to dash stg. off	etw. hinkritzeln, ein Paar Zeilen / hinwerfen
4. a. to take stg. apart	auseinandernehmen, zerlegen
b. ≠ to put stg. together	≠ zusammensetzen
5. to turn a deaf ear to	s. taub stellen, s. die Ohren zuhalten, überhören
6. a. to discuss stg. / to talk stg. over	etw. miteinander besprechen, etw. bereden, über etw. diskutieren
b. to touch on (a subject)	anschneiden, antippen
c. don't rub it in / drop it	lass sein!, geh darüber hinweg!, besteh nicht darauf! lass doch!
7. a. to play / run around (after anything in skirts)	hinter jedem Rock herlaufen, ein * Schürzenjäger / allen Mädchen nachlaufen
b. to make a pass at s.o.	jm. schöne Augen machen, mit jm. flirten / kokettieren
8. to stand up to s.o.	jm. trotzen, jm. Widerstand leisten
9. a. to think over (stg.)	über etw. nachdenken, nachsinnen, s. besinnen, s. etw. durch den Kopf gehen lassen, s. etw. überlegen
b. to chew stg. over	s. etw. hin und her überlegen, über etw. brüten, nachgrübeln über

16

VERBS

1. a. to sentence to	verurteilen /* verknacken /* verdonnern zu
b. to give oneself up / turn oneself in (to the cops)	s. stellen
c. to let off	jn. laufen lassen
d. to be mixed up in	verwickelt sein in
e. to get involved in	in etw. hineingezogen werden
2. we'll settle up later	wir wollen das später regeln / in Ordnung bringen, * wir rechnen später ab
3. a. to do away with	abschaffen, ausser Kraft setzen, * alten Zopf abschneiden, aufhören mit
b. to hold good	gültig bleiben
4. trumped up	erfunden, erlogen, * aus der Luft gegriffen, erdichtet
5. to warm up (rehearse)	üben, trainieren, (Kenntnisse) auffrischen
6. listen . . . !	hören Sie zu!
7. a. to be getting on (in years)	alt werden, an Jahren zunehmen, altern, * einrosten
b. to drivel / ramble on	* dummes Zeug reden, Unsinn reden, * schwafeln, * faseln
8. a. to trust s.o.	jm. trauen / vertrauen
b. to confide in s.o.	s. jm. anvertrauen
c. to believe in	glauben an
d. ≠ to be leery of	Misstrauen hegen, * auf der Hut sein vor
9. to wait on s.o.	jn. bedienen (servieren)
10. to break down (car)	eine Panne haben
11. to feel sorry for s.o.	jemand (etw.) tut mir leid, jn. bedauern / beklagen / bemitleiden
12. to look forward to	sich freuen auf, ungeduldig auf etw. warten
13. to take over (power)	(die Macht) übernehmen

VERBEN

1. a. to clean / scrub up	putzen, waschen, spülen, säubern, reinigen, sauber machen
b. to do the dishes	Geschirr spülen
c. to cook	kochen, Essen machen, / zubereiten
d. to put away / tidy up	aufräumen, Ordnung machen
2. to be overcome	überwältigt / hingerissen /* ganz hin / * ganz weg sein, * mir bleibt die Spucke weg
3. to burn up / down	brennen, verbrennen, in Flammen aufgehen, lodern, niederbrennen
4. to make faces	Gesichter / Grimassen /* Fratzen schneiden
5. it's not fair / it's uncalled for (to)	es ist nicht richtig / recht / gerecht / fair / unbegründet
6. to stem from	abstammen von, herrühren von, resultieren aus
7. to take / go for a walk	spazieren gehen, bummeln, schlendern, frische Luft schnappen gehen, * s. die Füsse (Beine) vertreten
8. to slide	gleiten, schleifen, rutschen, ausglitschen, abrutschen, abgleiten, den Halt verlieren
9. a. to sleep / to fall asleep	schlafen, schlummern, in Morpheus Armen liegen, ruhen, * wie ein Toter / * ein Murmeltier /* ein Sack schlafen, ein Schläfchen / ein Nickerchen machen, * dösen, * pennen, einschlafen, einnicken, einschlummern
b. to go to bed	zu Bett gehen, schlafen gehen, s. schlafen legen, s. niederlegen, s. hinlegen, s. zur Ruhe begeben, * s. aufs Ohr legen, * s. in die Falle hauen
c. to go to bed early	* mit den Hühnern schlafen gehen, früh zu Bett gehen
d. to stay up	aufbleiben
e. to lie awake (insomnia)	wach sein / bleiben, kein Auge zumachen

18

VERBS

1. a. to make like . . . / to play along with s.o.	gleich machen wie, nachahmen / so tun, als ob
b. to make believe / to pretend	vorgeben, vorschützen, den Anschein erwecken, vortäuschen
2. to be about to / on the verge of	dabei sein / im Begriff sein (etw. zu tun / machen)
3. a. to go out / away	ausgehen, weggehen
b. to make a trip	reisen, eine Reise machen
c. to see s.o. off	begleiten, mitgehen
4. get out!	raus!, fort!, hinaus!
5. a. it's up to you / it depends on you	das hängt von Ihnen ab, es liegt an Ihnen, es liegt bei Ihnen, es steht in Ihrer Macht
b. I'm counting on you	ich zähle auf Sie, ich rechne mit Ihnen
6. to bring up (a subject)	etw. zur Sprache bringen, aufs Tapet bringen
7. what are you driving at?	worauf wollen Sie hinaus?
8. to wrap up	verpacken, einpacken, einwickeln, ein Paket machen
9. a. to use up	aufbrauchen
b. I've run out of / I'm short of	es fehlt mir an, es mangelt an, ich habe kein . . . mehr
10. to take advantage of	profitieren von, ausnutzen, Nutzen ziehen aus
11. he was run over (car)	er wurde überfahren / zusammengefahren / * über den Haufen gefahren / umgefahren
12. a. to be madly in love (with) / crazy about / nuts about	über beide Ohren verliebt sein in, * den Narren gefressen haben an, * verschossen, * verknallt, * vergafft sein
b. ≠ to hate	hassen, nicht leiden, ausstehen / riechen können
13. to stand in line / to queue	Schlange stehen
14. to find out	herausfinden, vorfinden, ausfindig machen, entdecken, finden, auf die Spur kommen, * herauskriegen
15. to make a mistake / to be mistaken	s. irren, s. täuschen, auf dem * Holzweg sein, / missverstanden werden, falsch verstanden werden

19

VERBS AND PREPOSITIONS and TUN AND MACHEN

Using a verb with its correct preposition is important in German, so learn the two together in the following list of those in common use which sometimes cause difficulty.
a. fill in what you can in the second column
b. fold back the page and check your answer
c. for further clarification read the translation of the sentence

Tun and machen are also a source of confusion. Test yourself by covering first the German and then the English.

VERBS AND PREPOSITIONS

1. to take part in — Er nimmt — — — dieser Konferenz nicht teil.

2. to consist of — Die Postsendung besteht — — — drei Paketen.

3. to count on — Ich veranstalte am Freitag eine Party. Ich rechne — — — Ihnen. / Ich zähle — — — sie.

4. to talk about — Seit einer Stunde — sprechen sie — — — das Wetter.
— unterhalten sie sich — — — das Wetter.

5. to complain about — Er beklagt sich — — — die hohen Benzinpreise.

6. to ask for stg. / ask for the floor (right to speak) — Ich bat — — — eine Unterredung. / Ich bat — — — Wort.

7. to suffer from — Sie leidet — — — der Hitze.

8. to study / be at university — Er studiert — — — der Akademie für bildende Künste.

9. to remember / recall — Er erinnert sich sehr gut — — — seine Kindheit.

10. to conclude from / take it that — — — — Ihrer Miene schliesse ich, dass Ihre Reise nicht sehr angenehm war.

11. to drink out of — Er ist schlecht erzogen. Er trinkt sein Bier immer — — — der Flasche.

12. to be depressed about. — Ich bin — — — mein schlechtes Zeugnis traurig.

13. to make fun of / laugh at — Peter — macht sich — — — seine Schwester lustig,
— lacht / spottet — — — seine Schwester, weil sie Miniröcke trägt.

14. to be disappointed in / let down by — Ich bin sehr enttäuscht — — — ihm. / Er hat mich enttäuscht.

15. to strive for — Er hat sich — — — eine Versöhnung bemüht.

16. to run away from — Er flüchtet — — — der Polizei.

17. to answer — Er hat — — — meinen Brief geantwortet. / Er hat meinen Brief — — — .

18. to take s.o. for — — — — wen halten Sie mich?

19. to crash into — Der PKW ist — — — einem englischen Lastwagen zusammengestossen.

20. to be surrounded by — Dieses Haus ist — — — einem schönen Park umgeben.

VERBEN UND PRÄPOSITIONEN

1. teilnehmen an	He's not taking part in this conference.
2. bestehen aus	The delivery consists of three packages.
3. rechnen mit / zählen auf	I'm having a party on Friday. I'm counting on you.
4. sprechen / reden / diskutieren über / s. unterhalten über	They've been shooting the breeze for an hour.
5. klagen / s. beklagen über	He is complaining about the price of petrol.
6. bitten um	I asked for an appointment. / I asked for the floor.
7. leiden unter	She is suffering from the heat.
8. studieren an	He's (studying) at the Fine Arts Academy.
9. s. erinnern an	He remembers his childhood very well.
10. schliessen aus	From the looks of you, I take it that you didn't have a very good trip.
11. trinken aus	He's badly brought up. He always drinks his beer from the bottle.
12. traurig sein über	I'm depressed about my bad report card.
13. lachen / s. lustig machen / machen / spotten über	Peter makes fun of his sister because she wears mini-skirts.
14. enttäuscht sein von	I'm disappointed in him. He let me down.
15. s. bemühen um	He strove for a reconciliation.
16. flüchten vor / fliehen vor	He's running away from the cops.
17. antworten auf / beantworten	He answered my letter.
18. halten für	Who do you take me for?
19. zusammenstossen mit	The car crashed into an English lorry.
20. umgeben von	This house is surrounded by a pretty park.

22

VERBS AND PREPOSITIONS

21. **to be thrilled with / about**   Ich freue mich — — — mein neues Auto.

22. **to fight over**   Sie streiten sich — — — das Erbe ihres Vaters.

23. **to fight for**   Sie kämpfen — — — ihre Freiheit.

24. **to suffer from**   Sie leidet — — — einer unbekannten Krankheit.

25. **to get angry / to blow up**   Es gibt Leute, die sich immer — — — alles ärgern.

26. **to agree (with)**   Ich bin — — — ihm einverstanden.

27. **to be crazy about stg.**   Er ist ganz verrückt / versessen — — — Fussball.

28. **to be happy with**   Er ist — — — dem zufrieden, was er hat.
Er begnügt sich — — — dem, was er hat.

29. **to persuade s.o. (to do stg.)**   Es ist schwer, ihn — — — einem Kinobesuch zu überreden.

30. **to fill with**   Die Vase ist — — — Wasser gefüllt.

31. **to smell (of)**   Es riecht — — — Rosen.

32. **to come to (bill)**   Die Rechnung beläuft sich — — — 50 DM.

33. **(it) gets on my nerves**   Ich rege mich — — — meinen Nachbarn auf.
Mein Nachbar regt mich — — —.

34. **to be dependent on**   Er ist — — — seine Familie angewiesen.

35. **to stink of**   Auf dem Bauernhof stinkt es — — — Kuhmist.

36. **to go for / like**   Ich bin — — — seinem neuen Auto ganz begeistert.

37. **to come with / be equipped with**   Dieses Auto ist — — — Nebelscheinwerfern ausgestattet.

38. **to get s.o. out of a mess**   Zum Glück hat mir Wilhelm — — — der Patsche geholfen.

39. **be careful**   Achten Sie — — — die Strasse; sie ist sehr glatt.

40. **to thank (s.o.) for stg.**   Ich bedanke mich — — — Ihre Hilfe.

41. **to begin with**   Heute beginnen wir — — — der ersten Lektion.

42. **to inquire / ask about**   Er erkundigte sich — — — ihrer Gesundheit.

43. **to be afraid of**   Die Kinder haben immer Angst — — — dem bösen Wolf.

23

VERBEN UND PRÄPOSITIONEN

21. s. freuen über	I'm thrilled with my new car.
22. s. streiten um	They're fighting over their father's inheritance.
23. kämpfen um /für	They're fighting for their freedom.
24. leiden an (Krankheit)	She's suffering from an unknown illness.
25. s. ärgern über	There are people who get angry about everything.
26. einverstanden sein mit	I agree with him.
27. verrückt / versessen sein auf	He's crazy about football
28. zufrieden sein mit / s. begnügen mit	He's happy with what he has.
29. jn. überreden zu	It's hard persuading him to go to the movies.
30. füllen mit	This vase is filled with water.
31. riechen nach	It smells of roses.
32. s. belaufen auf	The bill comes to 50 marks.
33. s. aufregen über	My neighbour gets on my nerves.
34. angewiesen sein auf	He's dependent on his family.
35. stinken nach	The farm stinks of manure.
36. begeistert sein von	I really go for his new car.
37. ausgestattet / versehen / ausgerüstet sein mit	This car comes with yellow headlights.
38. jm. aus der Patsche helfen	Luckily Wilhelm got me out of the mess.
39. achten auf	The road is very slippery; be careful.
40. sich bedanken für	Thank you for your help.
41. anfangen / beginnen mit etw.	We'll begin with the first lesson today.
42. s. erkundigen nach / fragen nach	He inquired about her health.
43. Angst haben vor	Children are always afraid of the big bad wolf.

VERBS AND PREPOSITIONS

44. to work on	Er abeitet — — — seinem nächsten Buch.
45. to wait for	Hans hat den ganzen Tag — — — seine Freundin gewartet, doch sie hat ihn versetzt.
46. to give up / renounce	Obwohl er nicht sehr reich ist, verzichtet er — — — sein Erbteil.
47. to take care of	Nach der Scheidung — sorgte die Grossmutter — — — — kümmerte sich die Grossmutter — — — die Kinder.
48. to stop (doing) stg.	Gott sei dank hat er — — — seinem Gejammer aufgehört.
49. to stop at (nothing)	Er wird — — — nichts zurückschrecken.
50. to long for	Unter heisser Wüstensonne sehnte er sich — — — einem Schluck Wasser.
51. to write about	Dieser Autor schreibt — — — das Verhalten der Tiere.
52. to apply for / put in for	Sie hat sich — — — eine neue Stelle beworben.
53. to know s.o. by	Ich erkenne ihn — — — seinem Schritt.
54. to believe in	Glauben Sie — — — Gott.
55. to make an impression on	Er hat einen sehr guten Eindruck — — — mich gemacht.
56. to refer to	In meinem letzten Brief bezog ich mich — — — Ihr Angebot vom ...
57. to depend on	Es kommt — — — ihre Eltern an, ob sie heute abend tanzen gehen darf.
58. it depends on you!	Das hängt von Ihnen — — — ! Es liegt — — — Ihnen!
59. to say to / think of	Was sagst / meinst du — — — meinem Vorschlag?
60. to take (blame)	Er nahm die Schuld — — — sich.
61. to dispose of	Ich verfüge monatlich — — — 500 DM Haushaltsgeld.
62. to talk about	Er erzählt / spricht immer) — — — seiner Reise — — — seine Reise.
63. to invite	Dieses Jahr sind wir — — — Oktoberfest eingeladen.

VERBEN UND PRÄPOSITIONEN

44. arbeiten an	He's working on his next book.
45. warten auf	John waited for his girlfriend all day but she stood him up.
46. verzichten auf	Although he isn't particularly rich he's giving up his part of the inheritance.
47. sorgen für / s. kümmern um	The grandmother took care of the children after their divorce.

48. aufhören mit	Thank God he's stopped grousing.
49. zurückschrecken vor	He'll stop at nothing.
50. s. sehnen nach	In the burning desert sun he longed for a sip of water.
51. schreiben / berichten über	This author writes about animal behaviour.
52. s. bewerben um	She applied for a new job.
53. erkennen an	I know him by his walk.
54. glauben an	Do you believe in God?
55. Eindruck machen auf	He made a very good impression on me.
56. s. beziehen auf	I referred in my last letter to your offer of . . .
57. ankommen auf	It depends on her parents whether she can go dancing tonight.
58. abhängen von / liegen an	It depends on you.
59. sagen zu / meinen zu	What do you think of my suggestion?
60. etw. auf s. nehmen	He took the blame.
61. verfügen über	I have 500 DM housekeeping money a month.
62. erzählen / sprechen von, über	He always speaks about his trip.
63. einladen zu (+ dat.)	We're invited to the October feast this year.

VERBS AND PREPOSITIONS

64. to be busy with	Sie — ist — — — ihrer neuen Arbeit sehr beschäftigt. — befasst sich viel — — —.
65. to protect from	Ich schütze meine Haut mit einer guten Creme — — — den Sonnenstrahlen.
66. to force s.o. to / make s.o.	Die Kriminalpolizei zwang den Gauner — — — einem Geständnis.
67. to insist on	Ich bestehe — — — Pünktlichkeit!
68. to congratulate s.o. on	Ich gratuliere dir — — — deiner Beförderung.
69. to get used to	Wir haben uns alle — — — Komfort gewöhnt.
70. to condemn to death	Er wurde — — — Tod verurteilt.
71. to be surprised at	Ich bin — — — sein Benehmen erstaunt.
72. to envy s.o. stg.	Ich beneide dich — — — dein schönes Kleid.
73. to watch out	Hüte dich — — — dem Hund; er ist sehr böse.
74. to decide on stg.	Wir entschlossen uns — — — einem direkten Angriff.
75. to warn about	Er warnte mich — — — den giftigen Feldpilzen.
76. to be indignant about	Der Lehrer ist — — — die schlechten Arbeiten seiner Schüler entrüstet.
77. to think about	Ich denke — — — das neueste Buch von Heinrich Böll nach.
78. to taste of	Diese Sosse schmeckt — — — ranziger Butter.
79. to hope for	Ich hoffe — — — ein glückliches Ergebnis.

VERBEN UND PRÄPOSITIONEN

64. s. befassen / beschäftigen mit (Dinge)	She is very busy with her new job.
65. s. schützen vor	I protect my skin from the sunrays with a good cream.
66. zwingen zu	The police made the robber tell the truth.
67. bestehen auf	I insist on punctuality!
68. gratulieren zu	Congratulations on your promotion.
69. s. gewöhnen an	We have all got used to comforts.
70. zum Tod verurteilen	He was condemned to death.
71. erstaunt sein über	I'm surprised at his behaviour.
72. jn. beneiden um	I envy you your beautiful dress.
73. s. hüten vor	Watch out! This dog is very dangerous.
74. s. entschliessen zu	We decided on a direct attack.
75. warnen vor	He warned me about the poisonous mushrooms.
76. entrüstet sein über	The teacher is indignant about his student's poor work.
77. nachdenken über	I'm thinking about Heinrich Böll's last book.
78. schmecken nach	This sauce tastes of rancid butter.
79. hoffen auf	I'm hoping for a happy outcome.

VERBS — MAKE AND DO

Test yourself by covering first the German, then the English

1. he's idle	er tut / macht nichts
2. it doesn't matter	es tut / macht nichts
3. what shall I do?	was soll ich tun / machen ?
4. what does that come to?	wieviel macht das?
5. it does you good	das tut einem gut / wohl
6. it isn't done	das macht / tut man nicht
7. make yourself comfortable	machen Sie es sich gemütlich / bequem
8. he's only pretending	er tut nur so
9. I don't go for caviar	ich mache mir nichts aus Kaviar
10. look after yourself ! (saying goodbye)	mach's gut!
11. don't make fun of me!	machen Sie sich nicht über mich lustig!
12. he'd turned the light off	er hatte das Licht ausgemacht
13. but she turned it on again	sie aber machte es wieder an
14. I'm sorry / I'm sorry for him	es tut mir leid / er tut mir leid
15. she has her clothes made by Dior	sie lässt sich die Kleide bei Dior machen
16. that was a good buy	da haben wir einen guten Kauf gemacht
17. she's sure to pull a face	sie wird sicher ein schiefes Gesicht machen
18. could you please do me a favour?	könnten Sie mir bitte einen Gefallen tun?
19. he'll make her very happy	er wird sie sehr glücklick machen
20. to tie, to untie (a rope)	(ein Seil) festmachen, losmachen
21. two twos are four	zwei mal zwei macht vier
22. get a move on, make it snappy!	mach doch! mach' schnell!
23. scram! beat it!	mach, dass du fortkommst!
24. I'm through with him	mit ihm will ich nichts mehr zu tun haben
25. get yourself ready (and we'll go out)	mach dich schnell fertig!
26. I got a bit dirty	ich habe mich etwas schmutzig gemacht

VERBEN — TUN UND MACHEN

27. when are you going on holiday / taking your vacation?	wann machen Sie Ferien / Urlaub?
28. to pay a visit	einen Besuch machen
29. you're doing him an injustice	du tust ihm unrecht
30. it hurts	es tut weh
31. I'll do it anyway	ich tu's / mach's trotzdem
32. we must draw a distinction	wir müssen einen Unterschied machen
33. he does nothing but grumble	er tut / macht nichts anderes, als schimpfen
34. I'm very anxious to . . .	mir ist es sehr darum zu tun, dass . . .
35. it works wonders	es tut (wirkt) Wunder
36. you'd do well to get more sleep	du tätest gut daran, mehr zu schlafen
37. make yourself at home	tun Sie, als ob Sie zu Hause wären
38. to take off / split	* sich aus dem Staube machen
39. he made himself scarce	* er hat sich dünngemacht
40. the Föhn makes me jumpy	der Föhn macht mich nervös
41. he's made it (he's a sucessful man)	er ist ein gemachter Mann
42. would it put you out if I . . . ?	würde es Ihnen etw. ausmachen, wenn ich . . . ?
43. this problem is giving me a hard time	dieses Problem macht mir schwer zu schaffen
44. to slip up (miscalculate)	* die Rechnung ohne den Wirt machen
45. it has nothing to do with me	ich habe nichts damit zu tun
46. to cut work	nichts tun
47. don't be such a sissy!	* tu nicht so zimperlich!
48. no monkey-business!	* mach' bloss keine Mätzchen!
49. there's nothing to be done it's hopeless	* da ist nichts zu machen
50. to put on airs / talk big	sich wichtig machen, * s. dick tun
51. I didn't make a sound	* ich habe keinen Mucks getan
52. what's that got to do with it?	was hat das damit zu tun!

30

VERBEN — TUN UND MACHEN

53. don't talk rot!	* mach' bloss keine faulen Witze!
54. to make eyes at s.o.	jm. schöne Augen machen
55. get moving, toddle off!	* mach' dich auf die Beine!
56. she always makes such a fuss	sie macht immer so viel Trara
57. I'm not kidding myself	ich mache mir nichts vor
58. what have you fixed up /arranged?	was habt ihr ausgemacht?
59. she's just doing your room	sie macht gerade Ihr Zimmer
60. I like teasing him	es macht mir Spass, ihn zu necken
61. he gives me a lot of trouble	er macht mir viel Sorgen
62. they couldn't help it	sie konnten nichts dagegen tun / machen
63. that was a good (bad) move	da haben wir einen guten (schlechten) Griff getan
64. find out whom you're dealing with	finden Sie heraus, mit wem Sie es zu tun haben!
65. well done!	gut gemacht!
66. don't put yourself out	machen Sie sich keine Umstände!

VOCABULARY

Since it is easier to learn three to six words which are associated with one another, rather than memorizing them separately one at a time, the words in this vocabulary section have been carefully arranged in groups. Fill in the second, third and fourth columns according to the given symbols.

— = in the second column a translation, in the third column either a synonym or a related word, and in the fourth a word with the opposite association.

/ = in this vocabulary section only, an indication that the same word can have two or more totally different meanings.

When you have filled in as many as you can, turn the page and check the key. As always, an asterisk (*) indicates colloquial usage. The abbreviation pej. = pejorative, i.e. used in a disparaging sense.

VOCABULARY

	TRANSLATION	SYNONYM	OPPOSITE-ASSOCIATED
1. los!		–	–
2. die Hauptrolle			–
3. dumm		– – –	
4. schwören		– –	
5. das Gefängnis		– – –	
6. der Misserfolg		– – –	–
7. /der Einbrecher /der Halbstarke	– –	/ – / – – –	
8. /ich habe Angst /tapfer		/ – –	/ – / –

WORTSCHATZ

	ÜBERSETZUNG	SINNVERWANDTE WÖRTER	GEGENTEIL
1. los!	go (ahead)!	vorwärts!	halt!
2. die Hauptrolle	lead ≠ minor role		die Nebenrolle
3. dumm	stupid, dumb, nitwit, fool, moron	*beschränkt, *blöde, *borniert, *doof, *dämlich, idiotisch, *strohdumm * *Dummkopf, * Esel, Idiot, * Schafskopf, *Schwachkopf, *Trottel, * Null, *Hornochse, * dumme Kuh, *Einfaltspinsel, * Gimpel, * Dummerjan	gescheit, klug, intelligent
4. schwören	to swear (vow), to curse = fluchen	geloben, beeiden; der Eid, der Schwur, das Gelöbnis, das Gelübde	
5. das Gefängnis	prison, jail, die Zwangsarbeit = forced labour, die Einzelhaft = solitary confinement	die Strafanstalt, das Zuchthaus, der Kerker, *der Knast, *das Kittchen, *das Loch; *im Knast sitzen, hinter schwedischen Gardinen sitzen, eine Strafe abbüssen	
6. der Misserfolg	flop, failure ≠ success, smash	der Fehlschlag, die Schlappe	der Erfolg; der Treffer
7. /der Einbrecher /der Halbstarke	/ burglar / rowdy, thug	/der Dieb, der Räuber, der * Langfinger, der *Geldschrankknacker, der Schwindler; der Gauner = crook / der Gammler	der ehrliche Bürger, der biedere Bürger
8. /ich habe Angst /tapfer	/I'm frightened/brave, plucky	/ich fürchte mich, *mir ist himmelangst, *ich habe den Bammel, *das Herz fällt mir in die Schuhe (Hosen) / mutig, beherzt, draufgängerisch, tollkühn, waghalsig	/keine Angst haben /ängstlich, verzagt, kleinmütig, der *Angsthase

VOCABULARY

	TRANSLATION	SYNONYM	OPPOSITE-ASSOCIATED
1. s. ereignen		–	
2. erstaunt		– – – –	
3. s. sorgen		– – –	– –
4. segeln	–		
5. das Ganze		–	–
6. s. befinden		–	
7. /stumm / taub	– –		
8. der Artikel	/ – / – / –		
9. ausleihen		–	–

WORTSCHATZ

	ÜBERSETZUNG	SINNVERWANDTE WÖRTER	GEGENTEIL
1. s. ereignen	to happen, occur	geschehen, passieren, s. zutragen, vorkommen	
2. erstaunt	astonished, surprised, stunned, amazed, flabbergasted, dumbfounded	überrascht, verblüfft, *baff, *platt, sprachlos, verdutzt, versteinert, *starr vor Staunen, keines Wortes mächtig sein, s. wundern, *es verschlägt mir den Atem, *vom Himmel fallen, * mir bleibt die Spucke weg, *Mund und Nase aufreissen, *seinen Augen (Ohren) nicht trauen, wie vom Schlag (Donner) gerührt sein	
3. s. sorgen	to worry, be upset ≠ to be carefree	s. ängstigen, s. Sorgen machen; besorgt, unruhig sein	unbesorgt sein, sorglos, beruhigt, sorgenfrei
4. segeln	to sail	kreuzen; das Segel, das Segelboot, die Yacht	
5. das Ganze	the whole, the sum total	ganz, gänzlich, durch and durch, völlig	ein Teil, half = die Hälfte
6. s. befinden	to be (situated)	liegen	
7. /stumm / taub	/dumb / deaf taubstumm= deaf and dumb	stocktaub = as deaf as a post, schwerhörig	
8. der Artikel	/item, section (of paragraph) / commodity / article (definite, indefinite)	/der Posten / die Ware /das Geschlechtswort	
9. ausleihen	to borrow ≠ to lend	*pumpen, entleihen, s. etw. ausborgen, leihen	verleihen, jm. etw. borgen

VOCABULARY

	TRANSLATION	SYNONYM	OPPOSITE-ASSOCIATED
1. zufolge		–	
2. auf diese Weise		–	
3. bemerken		–	
4. der Koffer		–	–
5. stossen		–	–
6. der Haustier	–		
7. Lieblings . . .			
8. berühmt		– –	–
9. was ist los?		– –	
10. spannend		– – –	
11. der Gewinner		–	–
12. oben		–	–
13. verwöhnen		–	

WORTSCHATZ

	ÜBERSETZUNG	SINNVERWANDTE WÖRTER	GEGENTEIL
1. zufolge	/as a result of / according to / on the strength of	/ gemäss / Kraft + Gen. (der Anhaltspunkt = point of reference)	
2. auf diese Weise	in this way, like this	so, auf diese Art, folgenderweise, folgendermassen	
3. bemerken	to remark (say), to notice	konstatieren, wahrnehmen	
4. der Koffer	/suitcase / to pack (hand luggage = Handgepäck)	die Reisetasche, das Gepäckstück, *die Seekiste	
5. stossen	to push	puffen, schubsen	
6. der Haustier	(house) pets		wilde Tiere
7. Lieblings . . .	pet (one's favorite)	Lieblingsschüler, Lieblingsbuch, (Lieblingsbeschäftigung = hobby)	
8. berühmt	famous ≠ unknown	bekannt, namhaft, prominent, die Prominenz, die Berühmtheit	unbekannt
9. was ist los?	what's the matter? what's wrong?	was ist geschehen? was ist passiert? was hast du? was gibt's?	
10. spannend	gripping, absorbing ≠ boring, dull	packend, anregend, fesselnd; kurzweilig, abwechslungsreich, interessant; (enjoyable = unterhaltend, vergnüglich)	langweilig, eintönig, öde, flau, uninteressant, zum Sterben langweilig, todlangweilig
11. der Gewinner	winner ≠ loser	der Sieger	der Verlierer
12. oben	above ≠ under	darüber	unten, darunter
13. verwöhnen	to spoil	verziehen, verhätscheln	

VOCABULARY

	TRANSLATION	SYNONYM	OPPOSITE-ASSOCIATED
1. die Erpressung		– –	
2. neulich		–	–
3. eine Geschichte		–	
4. ich bin böse		– – –	
5./der Unfall / der Zufall	– –	/ –	
6. anbinden		– –	–
7. trocken		–	–
8. /die Stirn / das Handgelenk / der Ellbogen / die Schulter	– – – –		
9. stark		– –	
10. /der Alptraum /gähnen	/ – / –		
11. sauer		–	–
12. die Brieftasche		–	

WORTSCHATZ

	ÜBERSETZUNG	SINNVERWANDTE WÖRTER	GEGENTEIL
1. die Erpressung	blackmail	erpressen, nötigen, unter Druck setzen, *jm. Daumenschrauben ansetzen	
2. neulich	recently ≠ a long time ago	vor kurzem, kürzlich, unlängst	vor langer Zeit, es ist schon lange her, vor Urzeiten
3. eine Geschichte	/a tale, story / novel	die Erzählung, das Märchen, die Sage	
4. ich bin böse	I'm angry, mad, furious	ich bin wütend, zornig, aufgebracht, verärgert ungehalten, verstimmt, *sauer	
5. / der Unfall / der Zufall	/accident / chance, coincidence	das Unglück, der Unglücksfall	
6. anbinden	to attach, fasten	befestigen, anketten, festmachen	lösen, losmachen, loslösen, lockern.
7. trocken	dry	dürr, verdorrt	nass, völlig durchnässt, nass bis auf die Haut, *pudelnass, *klatschnass
8. / die Stirn / das Handgelenk / der Ellbogen / die Schulter	/forehead / wrist / elbow / shoulder		
9. stark	strong ≠ weak	mächtig, kräftig, wuchtig, kraftvoll, stramm, kernig	schwach, kraftlos
10. /der Alptraum /gähnen	/ nightmare / to yawn	/der Alpdruck, der Angsttraum	
11. sauer	sour	bitter	sweet = süss
12. die Brieftasche	wallet	Geldbeutel, Geldtasche = purse	

VOCABULARY

	TRANSLATION	SYNONYM	OPPOSITE-ASSOCIATED
1. ich bin erledigt		– – –	
2. der Ort		–	
3. sicher		– –	–
4. das ist aber ärgerlich		– –	
5. das Ergebnis		–	
6. gerne		–	–
7. herausfordern		–	
8. die Kante		–	
9. der Wille / mit Willen	– –	/ – / –	
10. / mieten / die Hypothek / Hausmeister	– –	/ – / –	–

WORTSCHATZ

	ÜBERSETZUNG	SINNVERWANDTE WÖRTER	GEGENTEIL
1. ich bin erledigt	I'm beat, dead, worn out, pooped ≠ raring to go	ich bin fertig, *fix und fertig, *erschlagen, erschöpft, *am Boden zerstört, todmüde, *hundemüde, *erschossen, kaputt	ich bin munter, wach, hellwach, in Form = fit, * auf dem Damm
2. der Ort	place, scene	die Stelle, der Winkel, der Platz	
3. sicher	safe ≠ dangerous	geschützt, geborgen, behütet, ausser Gefahr, gefahrlos	unsicher, gefährlich = dangerous
4. das ist aber ärgerlich	how annoying!, what a pain!	unangenehm, unerfreulich, peinlich	
5. das Ergebnis	result, outcome	das Resultat, die Folge, die Wirkung, der Effekt, der Endeffekt	
6. gerne	gladly, willingly	mit Vergnügen, bereitwillig, herzlich gern	nicht gern, ungern = grudgingly
7. herausfordern	to challenge	auffordern, zur Rede stellen	
8. die Kante	the edge	die Ecke; der Rand = ledge; das Ufer = brink	
9. der Wille / mit Willen	/will / intentionally	/der letzte Wille = testament, die Willensfreiheit = freewill / absichtlich, willentlich, mit Absicht	/unabsichtlich, unbeabsichtigt, ungewollt = unintentionally
10. / mieten / die Hypothek / Hausmeister	/ to rent / mortgage / landlord	/ Mieter = tenant; untermieten = to sublet / eine Hypothek aufnehmen, mit Hypotheken belasten	vermieten = to let

VOCABULARY

	TRANSLATION	SYNONYM	OPPOSITE-ASSOCIATED
1. / ich bin ver-zweifelt / sie bläst Trübsal	– –	/ – –	/ – / –
2. streng		– –	–
3. reiben		– –	
4. / fügsam / zahm	– –	/ –	/ –
5. / die Reise / die Hinfahr-karte / im Ausl-and	– – –	/ –	
6. ich bin begabt (für)		–	–
7. das Ziel		–	
8. schwer	/ /	/ – / –	/ – / –

WORTSCHATZ

	ÜBERSETZUNG	SINNVERWANDTE WÖRTER	GEGENTEIL
1. / ich bin verzweifelt / sie bläst Trübsal	/in despair ≠ she's floating on air ≠ /she's blue, down in the dumps	todunglücklich, zutiefst niedergeschlagen; down = deprimiert; hoffnungslos (e.g. situation) / mutlos, niedergeschlagen sein, * den Moralischen haben, * Grillen fangen, düsteren Gedanken nachhängen, * den Kopf hängen lassen	/happy = glücklich, selig sein, in seventh heaven = im siebten Himmel sein / lustig, lebenslustig, vergnügt, quietschvergnügt sein
2. streng	strict, severe	strikt, rigoros, hart, konsequent, bestimmt	nachgiebig, schwach, nachsichtig = easygoing
3. reiben	to rub	abreiben, scheuern, schrubben, wischen = to wipe, abwischen, aufwischen	
4. / fügsam / zahm	/pliant, docile / tame	/gefügig, gelehrig, / gezähmt, domestiziert	/ stur = pig-headed, hartgesotten = hardboiled, verstockt / wild
5. / die Reise / die Hinfahrkarte / im Ausland	/trip / one-way ticket / abroad	/der Ausflug / in der Fremde	/die Hin-und Rückfahrkarte / im Inland
6. ich bin begabt (für)	I'm talented, have a talent (for)	ich bin geschickt; * ich habe den Dreh raus = I have the knack	ungeschickt, unbegabt = I have no talent (for)
7. das Ziel	aim	die Absicht, to aim = zielen (auf)	
8. schwer	/heavy ≠ light / difficult, hard	/wuchtig, drückend / schwierig, beschwerlich, * verzwickt, * vertrackt	/leicht / einfach, mühelos, problemlos

VOCABULARY

	TRANSLATION	SYNONYM	OPPOSITE- ASSOCIATED
1. nicht achten auf		– –	–
2. das Paradies		–	
3. die Ähnlich- keit			
4. / Sie geht mit der Zeit / das ist die Masche	/ – / –	/ – –	/ – –
5. / bellen / das Kätzchen / der Welpe / das Lamm / das Fohlen	– – – –		
6. / die Wetter- voraussage / die Weissagung	/ – / –		
7. freiberuflich		– –	
8. eine alte Jung- fer		–	–
9. schildern		–	
10. hauptsächlich	–		
11. die Hose		–	
12. die Gestalt	/ – / –		
13. scheu		– – –	

WORTSCHATZ

	ÜBERSETZUNG	SINNVERWANDTE WÖRTER	GEGENTEIL
1. nicht achten auf	to ignore	ausser acht lassen, übersehen, über etw. hinwegsehen	beachten, berücksichtigen
2. das Paradies	heaven ≠ hell	der Himmel	die Hölle
3. die Ähnlichkeit	similarity	das Ebenbild = double	
4. / Sie geht mit der Zeit / das ist die Masche	/ she's with it / that's the 'in' thing	/ zeitgemäss, modern / das ist ganz grosse Mode, hypermodern, der letzte Schrei, das ist 'in'	/altmodisch = old fashioned, out of it, überholt, veraltet * vorsintflutlich
5. / bellen / das Kätzchen / der Welpe / das Lamm / das Fohlen	/ to bark /kitten / puppy / lamb / colt	/miauen = to miaow, schnurren = to purr /knurren = to growl	
6. / die Wetter Voraussage / die Weissagung	/forecast / prediction	die Prophezeiung, das Orakel	
7. freiberuflich	freelance, on one's own	unabhängig, freier Beruf, sein eigener Herr und Meister sein	employed = angestellt
8. eine alte Jungfer	an old maid	unverheiratet, ledig, alleinstehend	die verheiratete Frau; das Ehepaar, die Eheleute = couple
9. schildern	to depict, describe	beschreiben, ausmalen, darstellen	
10. hauptsächlich	mainly, for the most part	in erster Linie, vor allem, insbesondere	
11. die Hose	slacks	die Skihose, Badehose	
12. die Gestalt	/shape / figure	/die Form / die Figur	
13. scheu	shy, timid	schüchtern, zaghaft befangen, gehemmt; er geniert s.	ungeniert, unbefangen, ungezwungen, dreist = outgoing

VOCABULARY

	TRANSLATION	SYNONYM	OPPOSITE-ASSOCIATED
1. / unordentlich /säubern	/ – / –		
2. /streiken / die Gewerkschaft	/ – / –		
3. Glück haben		– – – –	– – –
4. der Charakter-zug		–	
5. / die Kanone / die Kugel	/ – / –	/ – –	
6. wir sind soweit	–	–	
7. /die Einwilli-gung / erlauben	/ – / –	/ – –	
8. schnell		– – –	– –
9. /heiraten / der Unterhalt	/ – / –	/ – – – / –	

WORTSCHATZ

	ÜBERSETZUNG	SINNVERWANDTE WÖRTER	GEGENTEIL
1. / unordentlich /säubern	/ untidy (room), sloppy (person) / to tidy up = aufräumen	/nachlässig, schlampig /in Ordnung bringen	/ordentlich, gepflegt = neat, orderly, tidy
2. /streiken / die Gewerkschaft	/to strike / trade union	/die Arbeit niederlegen / Berufs-, Fachverband	
3. Glück haben	to be fortunate, lucky ≠ out of luck, unlucky	*Schwein, *Dusel, *Massel haben, ein Glücksspiel, ein Glücksvogel, *ein gefundenes Fressen = a lucky break	Pech haben, ein * Pechvogel, * Unglücksrabe, *Unglückswurm, *nie auf einen grünen Zweig kommen = he'll never get on in the world
4. der Charakterzug	trait	die Eigenschaft, das Merkmal, die Wesensart	
5. / die Kanone / die Kugel	/gun / bullet (die Waffe = weapon)	das Gewehr, die Flinte, das *Schiesseisen, die * Büchse, die Pistole, der Revolver, das Maschinengewehr	
6. wir sind soweit	we're all set	wir sind fertig, wir haben's geschafft, wir sind bereit	
7. / die Einwilligung / erlauben	/consent, approval / to permit	/die Erlaubnis, die Zustimmung / gestatten, bewilligen, einwilligen	/die Ablehnung, die Zurückweisung / verbieten, untersagen = to forbid
8. schnell	speedy, quick, fast ≠ slow	rasch, geschwind, blitzschnell, * wie der Blitz, schleunigst, *wie die Feuerwehr	langsam, gemächlich, *im Schneckentempo
9. /heiraten / der Unterhalt	/to marry, wed, get hitched / alimony	/s. verheiraten, s. vermählen, s. verehelichen, einen Hausstand gründen, * s. dem Joch der Ehe beugen, * unter die Haube kommen, * s. kriegen, / Alimente	/s. scheiden lassen, to divorce

VOCABULARY

	TRANSLATION	SYNONYM	OPPOSITE-ASSOCIATED
1. / der Zeuge / der Beweis		/ – / –	
2. zeitweise	/ – / –		
3. falsch	/ – / –	/ – –	
4. scharf		–	–
5. s. wohl fühlen		–	
6. gutaussehend		– –	– –
7. /das geht über meinen Verstand / kapiert?		/ – / –	
8. gut aufgelegt		– –	– –
9. / begrenzt / verbreitet		/ – / –	–
10. Sie irren s.		– –	–

WORTSCHATZ

	ÜBERSETZUNG	SINNVERWANDTE WÖRTER	GEGENTEIL
1. / der Zeuge / der Beweis	/witness / proof	/der Augenzeuge = eye witness / der Nachweis, der Beleg	
2. zeitweise	/temporarily / occasionally	/zeitweilig, vorübergehend, provisorisch, vorläufig / gelegentlich, ab und zu, von Zeit zu Zeit, hin und wieder	endgültig = permanent
3. falsch	/false / fake	/unwahr, unrichtig, unzutreffend / gefälscht, unrecht	/richtig, wahr = correct /echt, rein = pure
4. scharf	sharp, pointed	spitz, zugespitzt	stumpf, schartig, abgerundet = blunt, dull
5. s. wohl fühlen	to feel at ease	s. behaglich fühlen	s. nicht wohl fühlen, unbehaglich fühlen = ill at ease, uncomfortable
6. gutaussehend	good-looking, handsome	schön, stattlich, hübsch	hässlich = ugly, unansehnlich, das hässliche Entlein = the Ugly Duckling
7. / das geht über meinen Verstand / kapiert?	/I don't get it / get it?	/das ist mir unverständlich, * das leuchtet mir nicht ein, das will mir nicht in den Kopf / verstanden?, klar?	I get it = ich verstehe, * ich blicke durch
8. gut aufgelegt	in a good mood	gut gelaunt, gute Laune haben, guter Dinge sein	schlecht gelaunt, übelgelaunt, misslaunig, missmutig = in a bad mood
9. / begrenzt / verbreitet	/limited /widespread	/beschränkt / weitbekannt, allgemeinbekannt.	unbegrenzt, unbeschränkt
10. Sie irren s.	you're mistaken	Sie täuschen s., Sie haben unrecht	Sie haben recht

VOCABULARY

	TRANSLATION	SYNONYM	OPPOSITE-ASSOCIATED
1. /Unsinn / die Dummheit		/ – / –	
2. faltig		– –	
3. /befördert werden / in der Ruhestand treten	– –	/ –	
4. die List		– –	
5. das Gehalt		–	
6. /bluten / die Narbe / heilen	– – –		
7. spottbillig		– – –	–
8. undeutlich		– –	–
9. die Morgenröte		– –	–
10. /die Innenstadt / der Häuserblock	– –	/ – –	
11. geschäftig		– –	

51

WORTSCHATZ

	ÜBERSETZUNG	SINNVERWANDTE WÖRTER	GEGENTEIL
1. / Unsinn / die Dummheit	/nonsense, rubbish / foolishness	/* dummes Zeug, * Blödsinn, * Quatsch, *Blech	
2. faltig	wrinkled	runzlig; zerknittert = rumpled	faltenlos, glatt
3. /befördert werden / in der Ruhestand treten	/to be promoted ≠ to retire	/aufsteigen / s. zur Ruhe setzen, in Pension gehen	/zurückgesetzt werden = demoted, degradiert (Offizier)
4. die List	ruse, trick	die Falle, der Schwindel (der Köder = bait)	
5. das Gehalt	salary	der Lohn, das Honorar die Bezahlung	
6. /bluten / die Narbe / heilen	/to bleed / scar / to heal	verbluten = bleed to death /* der Schmiss / gesund werden, genesen	
7. spottbillig	dirt cheap	preiswert, wohlfeil, fast geschenkt, verbilligt, für ein Butterbrot = I got it for a song	teuer, kostspielig, *es kostet ein Heidengeld = skyhigh
8. undeutlich	vague ≠ clear	unklar, unscharf, verschwommen	klar, deutlich, scharf, klar umrissen
9. die Morgenröte	dawn ≠ dusk	der Sonnenaufgang, der Tagesanbruch, die Morgendämmerung	die Abendröte, die Dämmerung; das Zwielicht = twilight
10. /die Innenstadt / der Häuserblock	/downtown / block	/ die Altstadt, die Stadtmitte, das Stadtzentrum, das Geschäftsviertel / der Häuserkomplex	/ausserhalb der Stadt, der Aussenbezirk = uptown, der Vorort
11. geschäftig	busy, always to be where the action is = *immer da sein, wo es brennt	emsig, rastlos, betriebsam, *in der Hetze sein	

52

VOCABULARY

	TRANSLATION	SYNONYM	OPPOSITE-ASSOCIATED
1. riesig		– –	–
2. ein flüchtiger Blick		–	
3. das Werkzeug		–	
4. der Kerl		–	
5. übertreiben		–	
6. die Belohnung		–	
7. der Defekt		– –	
8. der Hof	/ – / –		
9. vorher		–	
10. ertrinken		–	
11. wiederholen		–	
12. der Pförtner		– –	

WORTSCHATZ

	ÜBERSETZUNG	SINNVERWANDTE WÖRTER	GEGENTEIL
1. riesig	huge, gigantic	kolossal, monumental, gigantisch, mächtig, haushoch	winzig, klein = small, tiny, zwergenhaft
2. ein flüchtiger Blick	a glance	ein verstohlener Blick = a peep	
3. das Werkzeug	tool, device	das Instrument, das Gerät, der Apparat	
4. der Kerl	fellow, guy	der Bursche, der Junge das Subjekt (pej.)	
5. übertreiben	to exaggerate, overdo it, far-fetched	*dick auftragen, aufbauschen	untertreiben
6. die Belohnung	reward	die Entschädigung, der Preis = prize	die Strafe = punishment
7. der Defekt	flaw	der Fehler, der schwache Punkt, der Mangel	
8. der Hof	/yard / farm	/Schul-, Bauern-, Hinterhof / das Gut	
9. vorher	previously	zuvor, es war einmal = once upon a time, früher	
10. ertrinken	to drown	versinken = to sink, jn. ertränken = to drown s.o.	
11. wiederholen	to repeat, rehash	*wieder aufwärmen, immer (dauernd) dasselbe sagen	
12. der Pförtner	doorman	der Türhüter, der Hotelboy (der Boy = the page), der Portier	

VOCABULARY

	TRANSLATION	SYNONYM	OPPOSITE-ASSOCIATED
1. /die Gemein-schaftsschule /die Volks-schule / der Akademiker / der Student	– – – –		
2. die Buchhal-tung		–	
3. das klappt!		– –	–
4. reagieren		–	
5. necken		– – –	
6. das Verfahren		–	
7. flach		–	–
8. /die Taille / die Brust / die Hüfte	– – –		
9. ausgefallen		– –	
10. vergebens		–	
11. der Keller		–	–

WORTSCHATZ

	ÜBERSETZUNG	SINNVERWANDTE WÖRTER	GEGENTEIL
1. /die Gemeinschaftsschule /die Volksschule / der Akademiker / der Student	/mixed school, co-ed /primary school / graduate /student, undergraduate		/älteres Semester = upper classman
2. die Buchhaltung	book-keeping	die Buchführung	
3. das klappt!	it's a deal! Roger!	das wird gemacht, das geht in Ordnung, abgemacht, * das haut hin	das geht nicht, *das klappt nicht, daraus wird nichts = no go
4. reagieren	to react	er hat nicht gut reagiert = he took it poorly	
5. necken	to kid (no kidding), to joke	*jn. auf den Arm (auf die Schippe) nehmen, spassen, hänseln, s. lustig machen über, *hochnehmen	
6. das Verfahren	process, procedure	die Methode, die Arbeitsweise	
7. flach	flat	platt, eben	hügelig, uneben, steil = steep
8. /die Taille / die Brust / die Hüfte	/waist / bust / hips		
9. ausgefallen	campy, far-out	originell, ungewöhnlich, exzentrisch, extravagant, verstiegen	
10. vergebens	in vain	vergeblich, umsonst	
11. der Keller	the cellar	das Untergeschoss	der Speicher, der Dachboden = attic

VOCABULARY

	TRANSLATION	SYNONYM	OPPOSITE-ASSOCIATED
1. die Gaststätte		– – –	
2. /der Teppich/ möbliert	– –	/ – / –	–
3. leer			–
4. / ein Mangel an /knapp / es fehlen mir $ 10	– – –		
5. der Sattel		–	
6. die Sünde		–	
7. /das Kissen / die Decke / die Pantoffeln / der Morgenrock	– – – –		
8. das Meisterstück		–	
9. höflich		– –	– –
10. laut		– –	–
11. senken		– –	– –

WORTSCHATZ

	ÜBERSETZUNG	SINNVERWANDTE WÖRTER	GEGENTEIL
1. die Gaststätte	restaurant, joint	das Restaurant, das Wirtshaus, die Wirtschaft, die Imbissstube, die * Kneipe, * das Bierlokal, * die Spelunke, die * Pinte	
2. /der Teppich/ möbliert	/carpet, rug / furnished	/der Teppichboden, der Vorleger, die Brücke / ausgestattet, versehen mit	/unmöbliert, leer, = unfurnished .
3. leer	blank, empty		voll, gefüllt = full
4. / ein Mangel an / knapp / es.fehlen mir $ 10	/shortage / rare / $ short	/es fehlt an / rar / ich habe . . . zu wenig, ich habe einen Fehlbetrag (ein Manko) von	/reichlich, in Hülle und Fülle = oodles
5. der Sattel	saddle	reiten = to ride	
6. die Sünde	sin	das Vergehen, die Erbsünde, die Todsünde	
7. /das Kissen / die Decke / die Pantoffeln / der Morgenrock	/pillow / blanket / slippers / bathrobe	/das Kopfkissen / die Wolldecke, das Federbett / die Hausschuhe / der Bademantel	
8. das Meisterstück	masterpiece	das Meisterwerk	
9. höflich	polite	liebenswürdig, zuvorkommend, aufmerksam, freundlich, ritterlich, artig	unhöflich, abweisend, kurz angebunden, barsch = roughly, unfreundlich = to be curt
10. laut	loud	ohrenbetäubend, schrill, grell, gellend	leise, schwach, sacht, flüstern, in a whisper = im Flüsterton
11. senken	to lower ≠ raise	herabsetzen (Preise) dämpfen (Stimme), niederschlagen (Augen, Blick) verringern, vermindern, verkleinern	erhöhen, steigern, in die Höhe treiben, heraufsetzen

VOCABULARY

	TRANSLATION	SYNONYM	OPPOSITE-ASSOCIATED
1. der Plunder		– –	
2. /die Hexe / das Gespenst / spuken	– – –	/ –	
3. der Frühling		–	
4. /der Hals / die Kehle	– –		
5. der Ofen		–	
6. eigensinnig		– – –	
7. weinen		– – –	
8. *ich kann sie nicht riechen		– –	–
9. sie steht mir nahe		– –	
10. /die Wanderung /bummeln	– –	– –	
11. der Radau		– – –	–

WORTSCHATZ

	ÜBERSETZUNG	SINNVERWANDTE WÖRTER	GEGENTEIL
1. der Plunder	junk, stuff	wertloses Zeug, * Mist, * Ramsch, *der Kram	
2. / die Hexe / das Gespenst / spuken	/witch / ghost / to haunt	hier spuckt es = this place is haunted	
3. der Frühling	spring	frühlingshaft, spring of water = die Quelle	
4. /der Hals / die Kehle	/neck / throat	/der Nacken / die Gurgel, der Rachen, Halsschmerzen haben = to have a sore throat	
5. der Ofen	stove	die Backröhre = oven	
6. eigensinnig	stubborn, hard-headed, obstinate	starrköpfig, halsstarrig, störrisch, unnachgie-big, * der Dickschädel, rechthaberisch = argumentative	
7. weinen	to weep, cry, sob ≠ laugh	*flennen, jammern, schluchzen, wimmern, *heulen wie ein Schlosshund, * plärren	lachen = to laugh, kichern, lächeln = to smile
8. *ich kann sie nicht riechen	I can't stand her, bear her	ich kann sie nicht ausstehen, leiden, er-tragen	ich mag sie gern
9. sie steht mir nahe	we're close, have a lot in common	vertraut, verbunden, sie bedeutet mir viel	
10. / die Wanderung /bummeln	/hike / to stroll, wander	/der Ausflug, der Spaziergang / einen Bummel machen, schlendern, spazieren gehen	
11. der Radau	loud noise	der Lärm, der Krach, *der Krawall, das Getöse, der * Klamauk	die Stille, die Ruhe, das Geräusch = a little sound

VOCABULARY

	TRANSLATION	SYNONYM	OPPOSITE-ASSOCIATED
1. /die Kranken-schwester / der Psychiater / der Chirurg	– – –		
2. der Kaufmann		– –	
3. gerade			–
4. sanft		– –	–
5. /das Grab / die Leiche	– –	– –	
6. düster (Miene, Stimmung)		– – –	–
7. der Klatsch		– – – –	
8. furchtbar		– – –	– –
9. gut gekleidet		– –	

WORTSCHATZ

	ÜBERSETZUNG	SINNVERWANDTE WÖRTER	GEGENTEIL
1. /die Kranken-schwester / der Psychiater / der Chirurg	/nurse / psychiatrist, surgeon (syringe = die Spritze, die Kanüle)	/der Krankenwärter, der Pfleger / der * Tiefseelenforscher, den * Tiefseelentau-cher / der * Knochen-schuster	
2. der Kaufmann	shopkeeper	der Geschäftsmann, der Händler, der Krämer, der Laden-besitzer	der Verkäufer = salesman, der Kunde = customer
3. gerade	straight ≠ crooked		gewunden, krumm = bent
4. sanft	gentle ≠ harsh	mild, weich, zart	streng, hart, rauh, grob = severe
5. /das Grab / die Leiche	/grave / corpse (Kirchhof = grave-yard)	/die Gruft, die Grab-stätte, die letzte Ru-hestätte, Friedhof	
6. düster (Miene, Stimmung)	gloomy, dismal ≠ cheery	finster, traurig, trost-los, mürrisch, ver-driesslich, mies, lust-los, gedrückt	heiter, froh, fröhlich, sonnig, munter
7. der Klatsch	gossip, hearsay	* das Geschwätz, * der Tratsch die Klatsche-rei, das Gemunkel, das Gerede, die * Klatschbase, das * Waschweib,* die Kaf-feetante	aus sicherer Quelle = straight from the horse's mouth
8. furchtbar	awful, terrible, hor-rible	ekelhaft, scheusslich, eklig, abscheulich, grässlich, fürchterlich, schrecklich	toll, prima, fabelhaft, wunderbar = wonder-ful
9. gut gekleidet	well-dressed ≠ sloppy	schick, geschniegelt, * geschniegelt und ge-striegelt = spruced up, geschmackvoll geklei-det, gut angezogen	schlampig, nachlässig, gekleidet, verwahrlost

VOCABULARY

	TRANSLATION	SYNONYM	OPPOSITE-ASSOCIATED
1. /fahl / erröten	– –		
2. /die Börse / die Börseneffekten / der Aktionär	– – –		
3. reizend		– –	
4. /s. bewegen / umziehen	– –		
5. /Lebensmittelgeschäft / Eisenwarenhandel	– –		
6. das Kino		–	
7. die Schutzmarke		–	
8. der Fleck		–	
9. /das ist ein Risiko / die Wette	– –		
10. riechen		– –	
11. die Reihe		–	
12. / das Fussgelenk / das Knie / der Schenkel	– – –		
13. bis bald!		– –	

WORTSCHATZ

	ÜBERSETZUNG	SINNVERWANDTE WÖRTER	GEGENTEIL
1. / fahl / erröten	/sallow / to blush	/bleich, blass, bläss-lich / rot werden, s. röten, * bis über beide Ohren tot werden	
2. / die Börse / die Börsenef-fekten / der Aktionär	/stock-exchange / securities / shareholder		
3. reizend	cute	nett, niedlich, fesch, süss, herzig	
4. /s. bewegen / umziehen	/to move / to move (house)	/s. rühren, s. regen/der Umzug	still sitzen, s. ruhig ver-halten = to stay in place
5. /Lebensmittel-geschäft / Eisenwaren-handel	/grocery-store / hard-ware store		
6. das Kino	cinema, movies	das Lichtspieltheater	
7. die Schutz-marke	trademark	das Warenzeichen	
8. der Fleck	stain	der Klecks (Tinte) (beflecken = to stain)	
9. /das ist ein Risiko / die Wette	/it's a gamble / bet	/das Wagnis, riskant = to gamble, wetten	
10. riechen	to smell	schnuppern, schnüf-feln, wittern	
11. die Reihe	row (line)	in Reihe und Glied	
12. / das Fussge-lenk / das Knie / der Schenkel	/ankle / knee / thigh	(die Wange = cheek)	
13. bis bald!	so long! see ya	auf Wiedersehn tschüss, tschau, mach's gut, bis später, bis gleich	

VOCABULARY

	TRANSLATION	SYNONYM	OPPOSITE-ASSOCIATED
1. ich schäme mich		–	
2. ungeschickt		–	–
3. lose		– –	
4. /bezaubernd/ prächtig	– –	/ – – –	/ – –
5. /Gummi / Stahl / Kohle / Eisen	– – – –		
6. * im Stich lassen / *jn. sitzen lassen	– –		
7. ungezwungen		– –	–
8. /der Hügel / das Tal	– –		
9. /roh / die Reste	– –		
10. /die Tasse / die Untertasse / der Teller / das Gedeck	– – – –		
11. ausbessern	– – –	/ – –	– –
12. /die Verwandten / die Schwiegereltern / die Schwiegermutter / der Witwer	– – – –		

WORTSCHATZ

	ÜBERSETZUNG	SINNVERWANDTE WÖRTER	GEGENTEIL
1. ich schäme mich	I'm ashamed	ich geniere mich	ich bin stolz = I'm proud
2. ungeschickt	clumsy	linkisch, unbeholfen, schwerfällig, * plump	geschickt, graziös = graceful
3. lose	loose	locker, gelockert, wackelig	eng, fest = tight
4. /bezaubernd/ prächtig	/enchanting, charming /splendid	/entzückend, zauberhaft, reizend, reizvoll, hinreissend, charmant /prachtvoll, blendend, glänzend, herrlich	reizlos, unscheinbar, hässlich = ugly
5. /Gummi / Stahl / Kohle / Eisen	/rubber / steel / coal / iron		
6. *im Stich lassen / * jn. sitzen lassen	/to jilt / to stand s.o. up	/verlassen /*jn. fallenlassen, *versetzen	
7. ungezwungen	casual	unbefangen, gelöst, lässig, ohne Umstände	umständlich, förmlich, steif = formal, stiff
8. /der Hügel / das Tal	/hill / valley		
9. /roh / die Reste	/raw (food) / leftovers		gekocht = cooked
10. /die Tasse / die Untertasse / der Teller / das Gedeck	/cup / saucer / plate / cover	cutlery = das Besteck	
11. ausbessern	/to repair, fix ≠ split, break, to smash	/reparieren, flicken, in Ordnung bringen	/kaputt machen, zerschmettern, zertrümmern, zerstören
12. /die Verwandten / die Schwiegereltern / die Schwiegermutter / der Witwer	/ relatives / in-laws / mother-in-law / widower	/die Verwandschaft, die Familienangehörigen, (die Stiefmutter = stepmother)	/die Witwe = widow *Strohwitwe = grass widow, grüne Witwe = executive's wife

66

VOCABULARY

	TRANSLATION	SYNONYM	OPPOSITE-ASSOCIATED
1. *ich brenne darauf		– – –	
2. zugeben		– –	
3. im Freien		– –	
4. der Deckel	/ – /		
5. reif		– –	–
6. die Kur		–	
7. murmeln		– –	
8. /Vertrauen schenken / zuverlässig	– –	/ –	
9. /die Schnur / der Knoten	– –	/ – –	
10. /ein gutes Geschäft / der Kauf˙	– –	/ –	
11. unter der Bedigung, dass		–	
12. der Grosshandel		–	
13. gerade (Zahl)	–		
14. seltsam		– –	

WORTSCHATZ

	ÜBERSETZUNG	SINNVERWANDTE WÖRTER	GEGENTEIL
1. *ich brenne darauf	I'm keen to , looking forward to	s. freuen auf, unge- duldig warten auf, es nicht erwarten können	geduldig warten auf
2. zugeben	to confess, admit	gestehen, bekennen, das Herz ausschütten	leugnen
3. im Freien	in the open air	draussen, im Grünen, unter freiem Himmel	drinnen = inside
4. der Deckel	/cover / hat (pej.)	/der Hut	
5. reif	ripe ≠ green	over-ripe = matschig, überreif, gereift, zum Pflücken bereit	unreif, grün
6. die Kur	cure, remedy	die Behandlung, der Kurort	relapse = der Rückfall, rückfällig werden
7. murmeln	to mutter ≠ speak clearly	brummen, in den Bart murmeln	deutlich, klar sprechen
8. /Vertrauen schenken / zuverlässig	/to trust	/glauben an, jm. ver- trauen, Glauben schenken / vertrauen- swürdig, verlässlich	/misstrauisch sein = mistrust, s. in acht nehmen vor / un zuverlässig
9. /die Schnur / der Knoten	/string / knot (der Draht = wire)	/der Bindfaden, das Seil, das Tau, der Strang / die Schleife	
10 /ein gutes Ges- chäft / der Kauf	/a bargain / purchase	/der Gelegenheitskauf, der günstige Kauf	
11. unter der Be- digung, dass	provided that	vorausgesetzt, dass	
12. der Gross- handel	wholesale trade	en gros einkaufen	der Einzel-, Kleinhandel = retail
13. gerade (Zahl)	even		ungerade = odd
14. seltsam	strange	bizarr, sonderbar, verwunderlich, merk- würdig, komisch, seltsam	

VOCABULARY

	TRANSLATION	SYNONYM	OPPOSITE-ASSOCIATED
1. /die Wäscherei /die chemische Reinigung	– –		
2. der Wecker		–	
3. neidisch		–	
4. die Briefmarke		–	
5. ich nehme an		–	
6. jn. reinlegen		– – – –	
7. /gereizt / der Komplex		/ – – / –	
8. /s. rasieren / das Rasier- messer, der Rasierapparat /der Schädel / kahlköpfig	– – – – –		
9. der Aufzug		–	
10. schlank		– – –	– – –

WORTSCHATZ

	ÜBERSETZUNG	SINNVERWANDTE WÖRTER	GEGENTEIL
1. /die Wäscherei /die chemische Reinigung	/laundry / dry cleaners		
2. der Wecker	alarm-clock	aufwecken = to wake s.o.	
3. neidisch	envious, jealous	eifersüchtig, missgünstig sein	
4. die Briefmarke	stamp	frankieren, Porto = postage, der Stempel = rubber stamp	
5. ich nehme an	I assume, suppose	ich vermute, ich glaube	ich weiss es bestimmt = I know
6. jn. reinlegen	to dupe s.o., fool s.o., take s.o. in, cheat s.o.	betrügen, *zum Narren halten, *hinters Licht führen, *übers Ohr hauen, *aufs Kreuz legen, *für dumm verkaufen, * prellen, *anschmieren, *neppen, *Schmu machen	Redlichkeit = fair deal
7. /gereizt / der Komplex	/uptight, nervous / a hang-up	/überreizt, nervös, * kribblig, *zapplig / einen Komplex haben	calm = still
8. /s. rasieren / das Rasiermesser, der Rasierapparat /der Schädel / kahlköpfig	/to shave / razor / skull / bald	/die Rasierklinge = razorblade /*die Birne / glatzköpfig, eine Glatze (*Spielwiese) haben	
9. der Aufzug	elevator	der Lift, der Fahrstuhl	
10. schlank	slender, thin, slim ≠ plump, heavy	mager, dünn, schmal, rank und schlank, * schlank wie eine Tanne, *ein Hering sein, die * Bohnenstange	dick, fett, vollschlank, *pummelig, üppig, * gut gepolstert = fat

VOCABULARY

	TRANSLATION	SYNONYM	OPPOSITE-ASSOCIATED
1. /auf den Zehen- spitzen / krie- chen	– –	/ – / –	
2. die Erwach- senen		–	– –
3. /Magensch- merzen / ich falle um vor Hunger	– –	/ – / –	
4. die Jagd		–	
5. die tägliche Routine		– – –	
6. die Verabre- dung		– –	
7. frech		–	
8. das Fach		– – –	
9. / die Wohnung /das Elends- viertel		/ – – – / – – –	
10. /die Bibliothek /der Schmöker		/ – –	

WORTSCHATZ

	ÜBERSETZUNG	SINNVERWANDTE WÖRTER	GEGENTEIL
1. /auf den Zehenspitzen / kriechen	/on tip-toe / to crawl	/auf den Fusspitzen / *auf allen vieren, kriechen, *krabbeln, *robben, schleichen	
2. die Erwachsenen	grown-ups	die Grossen	die Kinder, die Kleinen, die *Gören = children, kids
3. /Magenschmerzen / ich falle um vor Hunger	/stomach-ache / I'm starving	/ich sterbe vor Hunger, bin ausgehungert, *mir ist flau im Magen, *ich schiebe Kohldampf	/ich bin voll = I'm full, knuppelsatt, satt, vollgefressen, ich kann nicht mehr papp sagen
4. die Jagd	chase, hunt	die Verfolgung	
5. die tägliche Routine	daily routine, grind	*die Tretmühle, *der Trott, *der alte Schlendrian, tagein tagaus	
6. die Verabredung	date, appointment	das Rendezvous, das Stelldichein, der Termin, das Treffen	
7. frech	sassy, impudent	dreist, unverschämt, unverfroren, die Stirn haben	
8. das Fach	line (business), subject (in school)	der Bereich, die Branche, die Sparte, der Fachmann, der Experte	
9. / die Wohnung /das Elendsviertel	/dwelling / slums	/das Logis, die Unterkunft, die Behausung, das Obdach / das Armenviertel, die Slums, die *Bretterhütte, *der Verschlag	
10. / die Bibliothek / der Schmöker	/library, study/wellworn book	/Bücherei, Bücherschrank = bookcase / der Schinken, der Wälzer, die Schwarte	

VOCABULARY

	TRANSLATION	SYNONYM	OPPOSITE-ASSOCIATED
1. das lohnte s.		–	
2. unbeachtet bleiben		– –	–
3. jm. den Hintern versohlen		– – –	
4. /die Schublade /das Bücherbrett / der Schrank / die Garderobe	– – – –		
5. /der Bürgersteig /der Randstein /die Rinne	– – –		
6. /eine Prüfung bestehen / ein Examen ablegen		/ –	
7. schreien		– – –	
8. Moneten (pl.)		– – – –	
9. starr		– –	
10. die Garnitur		–	
11. warnen		–	

WORTSCHATZ

	ÜBERSETZUNG	SINNVERWANDTE WÖRTER	GEGENTEIL
1. das lohnte s.	it was worth it	das war der Mühe wert	
2. unbeachtet bleiben	to be inconspicuous ≠ stand out	unbemerkt bleiben, nicht bemerkt werden, unauffällig sein, nicht auffallen	auffallen, s. bemerkbar machen
3. jm. den Hintern versohlen	to spank, slap ≠ get a spanking	jn. durchhauen, * vermöbeln, jm. eine Tracht Prügel verabreichen, *jn. das Fell gerben	Haue kriegen
4. /die Schublade /das Bücherbrett / der Schrank / die Garderobe	/drawer / shelf / closet / wardrobe		
5. /der Bürgersteig /der Randstein /die Rinne	/sidewalk / curb / gutter	/das Trottoir, der Gehsteig / die Strassenrand / die Gosse, der Rinnstein	
6. /eine Prüfung bestehen / ein Examen ablegen	/to pass an exam / to take an exam	durchkommen	durchfallen
7. schreien	to shout, scream	brüllen, rufen, gröhlen, kreischen, *johlen, krakeelen	
8. Moneten (pl.)	dough, bread	*Pinke, *Kies, *Pulver, *Blech, *Moos, *Kröten	
9. starr	numb	erstarrt, das Bein ist mir eingeschlafen = my leg's gone to sleep	
10. die Garnitur	set of sth.	das Service	
11. warnen	to warn	die Warnung	

VOCABULARY

	TRANSLATION	SYNONYM	OPPOSITE-ASSOCIATED
1. anzahlen		– –	–
2. das Kauder-welsch		–	
3. in der Schwebe		–	
4. durchblättern		–	
5. der Salonlöwe		– – –	
6. /der Platten-spieler / der Lautsprecher	– –		
7. eine bissige Bemerkung machen		– – –	
8. mir ist schwind-lig		–	
9. als Sprung-brett dienen		– –	
10. sie ist dufte		– – –	–

WORTSCHATZ

	ÜBERSETZUNG	SINNVERWANDTE WÖRTER	GEGENTEIL
1. anzahlen	to pay a deposit	eine Anzahlung leisten, in Raten zahlen = to pay in instalments	bar zahlen = to pay cash
2. das Kauderwelsch	broken (English)	eine Sprache gebrochen sprechen	fliessend . . . sprechen = fluent (to speak)
3. in der Schwebe	in abeyance, pending	unentschieden, das *hängt noch in der Luft	
4. durchblättern	to browse, look through	durchsehen, überfliegen, flüchtig lesen	
5. der Salonlöwe	playboy, run around	der Schwerenöter, der *Lustmolch, der Playboy, der Casanova, der * Weiberheld	
6. /der Plattenspieler / der Lautsprecher	/record-player / loud speaker	die Platte = record	
7. eine bissige Bemerkung machen	to make a dig at s.o.	*eine scharfe Zunge, *ein böses Maul, *Haare auf den Zähnen haben, *Spitzen verteilen	
8. mir ist schwindlig	I'm dizzy	es schwindelt mir	
9. als Sprungbrett dienen	to be a stepping-stone	als Mittel zum Zweck dienen, jn. gebrauchen = to use s.o. as a stepping-stone	
10. sie ist dufte	she's a knockout, a looker	sie ist ein *steiler Zahn, eine *flotte, *kesse Biene, fesch, knusperig, *eine Motte, das Ding, die Kleine, sie hat es in s. = she's got what it takes	hässlich = ugly

VOCABULARY

	TRANSLATION	SYNONYM	OPPOSITE-ASSOCIATED
1. bei mir, in meiner Bude		–	
2. schikanieren		– –	
3. die Visiten-karte		–	
4. das geht mich nichts an		– –	–
5. durchblicken lassen		– –	
6. *s. ins Fäust-chen lachen		– –	
7. das Fliessband		–	–
8. /die Sekretärin		– –	–
9. der Frühaufste-her		–	–
10. wirbeln		–	
11. aufs Gerate-wohl		– –	
12. blühen		–	
13. weitsichtig	–		– –

WORTSCHATZ

	ÜBERSETZUNG	SINNVERWANDTE WÖRTER	GEGENTEIL
1. bei mir, in meiner Bude	my pad, digs	in meinen vier Wänden, *meiner Klause	
2. schikanieren	to nag, keep after s.o.	plagen, belästigen, etw. auszusetzen haben, *jm. das Leben sauer machen, *nörgeln	
3. die Visitenkarte	visiting-card	die Geschäftskarte	
4. das geht mich nichts an	that's not my pigeon, my business	*das ist nicht mein Bier, damit habe ich nichts zu tun	es betrifft mich = I'm concerned
5. durchblicken lassen	to infer	andeuten, zu verstehen geben	
6. *s. ins Fäustchen lachen	to laugh in one's sleeve	schadenfroh sein, s. weiden an, * s. die Hände reiben, spöttisch sein, s. amüsieren über	
7. das Fliessband	assembly-line	der Massenartikel, das Massenprodukt	das Einzelstück
8. /die Sekretärin	/typist	/ die * Tippse, die *Klapperschlange, das Tippfräulein	
9. der Frühaufsteher	early bird ≠ night owl	mit den Hühnern aufstehen	der Nachtvogel, die Nacheule
10. wirbeln	to twirl	schnell umdrehen, drehen = to twist	
11. aufs Geratewohl	at random	zufällig, auf gut Glück, blindlings, ziellos, * der Schuss ins Blaue	
12. blühen	to thrive	gedeihen, strotzen	
13. weitsichtig	farsighted		kurzsichtig = nearsighted, *blind wie eine Maulwurf= blind as a bat

VOCABULARY

	TRANSLATION	SYNONYM	OPPOSITE-ASSOCIATED
1. *jm. auf die Nerven gehen		– – –	
2. ausgleichen		–	
3. geschwollen		– –	
4. jn. nachahmen		– –	
5. beleibt sein		– – –	
6. /einen trinken /Schnaps		/ – – – – / –	
7. eingebildet		– – –	
8. der Hintergedanke		–	
9. der Sprecher		– –	

WORTSCHATZ

	ÜBERSETZUNG	SINNVERWANDTE WÖRTER	GEGENTEIL
1. *jm. auf die Nerven gehen	to bug s.o., get on s.o.'s nerves	* drangsalieren, belästigen, plagen, ärgern, * piesacken, *jm. auf den Wecker fallen, gehen	
2. ausgleichen	to balance, compensate	wettmachen, verrechnen	
3. geschwollen	swollen, puffed up	aufgedunsen, aufgeschwemmt, aufgeblasen	
4. jn. nachahmen	to mimic, imitate	*jn. nachäffen, nachmachen, imitieren	
5. beleibt sein	to be pot-bellied	einen Bauch, *Bierbauch, *Schmerbauch, *Wanst haben, dickbäuchig, korpulent sein	
6. /einen trinken /Schnaps	/to have a drink, /to down hard liquor	/s. *einen hinter die Binde giessen, einen genehmigen, *heben, *kippen, s. einen zu Gemüte führen / Branntwein, Feuerwasser	
7. eingebildet	conceited, egotistical, think one's hot stuff	hochnäsig, von s. eingenommen, selbstgefällig, dünkelhaft, *aufgeblasen wie ein Frosch, die Nase hoch tragen, s. als Halbgott fühlen, *auf dem hohen Ross sitzen	bescheiden = modes
8. der Hintergedanke	ulterior motive	schmutzige Gedanken	
9. der Sprecher	the spokesman	der Wortführer, der Fürsprecher, das Sprachrohr = mouthpiece	

VOCABULARY

	TRANSLATION	SYNONYM	OPPOSITE-ASSOCIATED
1. harmlos aus-sehen		– – –	–
2. fleissig		– – –	– – –
3. es tut mir leid		– –	–
4. der Rück-schritt		–	–
5. /der Ganove / die Unterwelt /der Hock-stapler	– – –	/ – – – / –	
6. Naturalbezüge	–		
7. der (letzte) Termin		–	
8. ins Schwarze treffen		– – –	
9. /der Hinterwäl-dler / das Kaff		/ – – / –	/ – – –

WORTSCHATZ

	ÜBERSETZUNG	SINNVERWANDTE WÖRTER	GEGENTEIL
1. harmlos aussehen	to look innocent ≠ be rough-looking	treuherzig, unschuldig aussehen, *als könnte man kein Wässerchen trüben	wie ein Gauner, ein Halunke, ein Galgenvogel aussehen
2. fleissig	hardworking	arbeitswillig, tüchtig, *s. abschinden, *ochsen, *büffeln	faul, *stinkfaul, arbeitsscheu, *der Faulpelz = a goof off, *auf der faulen Haut liegen = to goof off, *blau machen
3. es tut mir leid	I'm sorry, I apologize	ich bedaure, Verzeihen Sie bitte!	es ist mir egal = I don't give a damn, geschieht dir recht = serves you right
4. der Rückschritt	setback	der Rückschlag, die Verschlechterung	der Fortschritt = progress
5. /der Ganove/ die Unterwelt /der Hockstapler	/mobster, gangster/ underworld / con man	/der Gangster, der Bandit, der Verbrecher, der Schwerverbrecher, *ein schwerer Junge, der Gauner / das Milieu / der Betrüger, *der Schieber, *der Heiratsschwindler	
6. Naturalbezüge	in kind		
7. der (letzte) Termin	the deadline	die äusserste Grenze die letzte Frist	
8. ins Schwarze treffen	to hit the bull's eye	einen Treffer erzielen, *etw. schlägt ein, * den Nagel auf den Kopf treffen (einen wunder Punkt berühren = hit a sore spot)	
9. /der Hinterwäldler / das Kaff	/hick / hole ≠ big city	/der Krautjunker, der Bauer /*die Landpomeranze / das Loch, das Nest, das Kuhdorf	/der Städter, der Grosstädter, der Pendler = commuter / die Großstadt

VOCABULARY

	TRANSLATION	SYNONYM	OPPOSITE-ASSOCIATED
1. s. klammern an		–	
2. er hat ausge- spielt		– –	
3. schwindeln		– – – –	–
4. /in Lumpen / fadenscheinig		/ – – / – –	/ –
5. fade		–	–
6. der Schlingel		– – –	
7. die Marionette		– –	
8. das Schmier- geld		– –	
9. auswählen		– –	
10. das ist nicht recht		– –	–
11. die Pause		– –	

WORTSCHATZ

	ÜBERSETZUNG	SINNVERWANDTE WÖRTER	GEGENTEIL
1. s. klammern an	to cling to	s. festhalten an	
2. er hat ausgespielt	he's had it	er ist fertig, am Ende (*er pfeift auf dem letzten Loch = he's on his last legs)	
3. schwindeln	to fib, lie	flunkern, aufschneiden, lügen, dass s. die Balken biegen, *das Blaue vom Himmel herunterlügen, *lügen wie gedruckt	die Wahrheit sagen = to tell the truth
4. /in Lumpen / fadenscheinig	/in rags / shabby, run down	/zerissen und zerlumpt in Fetzen, zerfetzt / schäbig, abgetragen, abgewetzt, zerschliessen	/schick gekleidet = spruced up
5. fade	insipid, bland	ohne Geschmack, saftlos, schal	kräftig, pikant, würzig = spicy, herzhaft
6. der Schlingel	brat, rascal	*der Schelm, *der Bengel, der Schlaukopf, * ein fixer Junge, der Lausejunge	
7. die Marionette	the puppet	Drahtpuppe, das Puppentheater	
8. das Schmiergeld	bribe	das Bestechungsgeld, jn. schmieren, jm. die Hände versilbern	
9. auswählen	to select, pick out	heraussuchen, eine Auswahl treffen	
10. das ist nicht recht	it's not fair	das ist nicht korrekt, das ist ungehörig	das ist recht, *recht und billig
11. die Pause	break, interval, pause	die Ruhe-, Verschnauf-, Atem-, Zigaretten-, Kaffeepause, die Unterbrechung	

84

VOCABULARY

	TRANSLATION	SYNONYM	OPPOSITE-ASSOCIATED
1. ihm zuliebe		—	
2. der Vorname		— —	—
3. stolpern		— —	
4. *jm. die kalte Schulter zeigen		— —	
5. s. aus dem Staub machen		— — —	
6. der Schlager		—	
7. /die Erstauf- führung		—	
8. der Conferen- cier		—	
9. der Waffen- stillstand		—	
10. das Mauerblüm- chen			—
11. plaudern		— — — —	— —

	ÜBERSETZUNG	SINNVERWANDTE WÖRTER	GEGENTEIL
1. ihm zuliebe	for his sake	seinetwegen, in seinem Interesse	
2. der Vorname	first name	der Ruf-, Taufname, der Kosename, der Spitzname = nickname	der Familienname = last name
3. stolpern	to stumble, wobble	straucheln, wanken, traumeln, *torkeln, wackeln	
4. *jm. die kalte Schulter zeigen	to snub s.o., turn a cold shoulder to	auf jn. herabsehen, *jn. wie Luft behandeln, jn. keines Blicks würdigen, *jn. links liegen lassen	
5. s. aus dem Staub machen	to split, take off	das Weite suchen, Fersengeld geben, *s. dünn machen, *Leine ziehen, s. auf die Beine, Socken, *s. verdrücken,*verduften	
6. der Schlager	a hit, slap	die Schnulze, der Gassenhauer	
7. /die Erstaufführung	/opening, premiere / ham (actor)	die Premiere, die Uraufführung = world premiere	
8. der Conferencier	the M.C.	der Ansager, der Showmaster	
9. der Waffenstillstand	truce	die Waffenruhe, war = Krieg	
10. das Mauerblümchen	(at a dance) wallflower	das Aschenbrödel = Cinderella	der Mittelpunkt sein = the life of the party
11. plaudern	to chat, rap, shoot the breeze	*schwätzen, unterhalten, *plauschen, *schnacken, *einen Schwatz halten, *plappern, *babbeln, *schnattern	nichts sagen = not to say boo, * keinen Pieps von s. geben, *keinen Muck's tun

VOCABULARY

	TRANSLATION	SYNONYM	OPPOSITE-ASSOCIATED
1. der Kniff		–	
2. zum Donner- wetter		– – –	
3. neblig		– –	
4. sie macht s. Illusionen		– –	–
5. eingehen	/ /	/ – / – –	
6. ein grosser Brocken		–	
7. aufschieben		– –	

8. eine ausgezeich-
    nete Presse
    haben
		– –	

9. einstürzen		– –	
10. der Entwurf		–	

WORTSCHATZ

	ÜBERSETZUNG	SINNVERWANDTE WÖRTER	GEGENTEIL
1. der Kniff	the gimmick	der Trick, der Einfall	
2. zum Donnerwetter	damn it!	Herrschaft nochmal!, zum Kuckuck!, Sapperlot!, zum Teufel!, Donner und Doria!, *Himmel, Arsch und Zwirn!	
3. neblig	misty	diesig, dunstig, nebelhaft, unsichtig	klar = clear
4. sie macht s. Illusionen	she's kidding herself	sie glaubt an den Weihnachtsmann, sie gaukelt s. etw. vor, sie baut Luftschlösser	den Tatsachen ins Auge sehen = to see clear
5. eingehen	/to shrink / to pine away	/einschrumpfen / *dahinsiechen, verkümmern, langsam sterben, absterben	
6. ein grosser Brocken	a chunk	ein Riesenstück, *ein Mordsbrocken	
7. aufschieben	to put off, stall, Zeit gewinnen = to gain time	verschieben, vertagen, anstehen lassen, *auf die lange Bank schieben, verzögern, verschleppen (z.B. Grippe)	
8. eine ausgezeichnete Presse haben	to have rave notices, good reviews	eine gute Kritik haben, die Presse ist des Lobes voll, *über den grünen Klee loben	verrissen werden = to be panned
9. einstürzen	to collapse, cave in	zusammenbrechen, zusammenfallen, *einkrachen, einstürzen, in Trümmer fallen	
10. der Entwurf	draft, outline	die Skizze, das Konzept, in groben Zügen = in outline	

VOCABULARY

	TRANSLATION	SYNONYM	OPPOSITE-ASSOCIATED
1. /rechnen / der Kostenvoran-schlag		/ – / –	
2. /Garnelen / Hummer	– –		
3. die Gabe	–		
4. die Kluft		– –	
5. katzbuckeln		– –	
6. voraus sein		– –	–
7. der Tip		– –	
8. *es läuft auf vollen Touren		– –	
9. habsüchtig		– – – –	– –
10. das Urheber-recht		– –	

WORTSCHATZ

	ÜBERSETZUNG	SINNVERWANDTE WÖRTER	GEGENTEIL
1. /rechnen / der Kostenvoranschlag	/to reckon / estimate	/schätzen, kalkulieren, ausrechnen / die Schätzung, der Überschlag	
2. /Garnelen / Hummer	/Schrimp / Lobster	/Languste	
3. die Gabe	talent, gift	/das Talent / das Geschenk, das Präsent, das Mitbringsel	
4. die Kluft	gap, gulf	der Graben, die Spalte, der Riss	
5. katzbuckeln	to kowtow, butter s.o. up	s. einschmeicheln, s. bei jm. Liebkind machen, jm. um den Bart streichen, *der Arschkriecher	
6. voraus sein	to be ahead ≠ behind	Vorsprung haben, vorangehen, anführen	zurückbleiben, *hinterdrein hinken
7. der Tip	cue, lead, tip	der Hinweis, der Wink, der Fingerzeig	
8. *es läuft auf vollen Touren	it's swinging, jumping	in vollem Gange (Schwung) sein, auf dem Höhepunkt sein, *da geht's rund	
9. habsüchtig	greedy, stingy, tight ≠ high spender	habgierig, gewinnsüchtig, geldgierig, knauserig, geizig, filzig, *knickerig, sehr sparsam, *der Geizkragen, der *Geizhals, *knausern, *auf dem Geld sitzen, *am Geld kleben, *Pfennigfuchser sein	grosszügig, gebefreudig = spendthrift, verschwenderisch, das Geld aus dem Fenster werfen, *Spendierhosen anhaben
10. das Urheberrecht	copyright	das Verlagsrecht, das Copyright, Nachdruck verboten, alle Rechte vorbehalten = all rights reserved	

VOCABULARY

	ÜBERSETZUNG	SINNVERWANDTE WÖRTER	GEGENTEIL
1. /der Gegner / der * Kumpel		/ – / –	
2. zart		– – –	
3. verpfänden		–	
4. hindern		– – –	
5. *klauen		– – –	
6. die Freizeit		–	
7. /das Abonnement / das Inserat	– –	/ – –	
8. *ein komischer Kauz		– –	

WORTSCHATZ

	TRANSLATION	SYNONYM	OPPOSITE-ASSOCIATED
1. /der Gegner / der * Kumpel	/enemy / buddy, pal	/der Feind, der Widersacher, der Nebenbuhler / der Kamerad, der Freund, der Kollege = colleague, * der Kumpan	/der Verbündete = ally
2. zart	frail, delicate, fragile	delikat, zerbrechlich, fragil, zierlich, schmächtig.	stämmig, robust, handfest, kräftig = robust, sturdy
3. verpfänden	to hock, pawn, der Pfandleiher = pawnbroker	versetzen, ins Leihhaus tragen (bringen), verklopfen	
4. hindern	to hinder, thwart	hemmen, lähmen, erschweren, *durchkreuzen, vereiteln, *einen Riegel vorschieben, *jm. einen Strich durch die Rechnung machen	
5. *klauen	to steal, rob, swipe, pinch	stehlen, *mopsen, *stibitzen, *abstauben, mitgehenlassen, *organisieren	
6. die Freizeit	leisure	die Mussestunden	die Arbeitszeit = working hours
7. /das Abonnement / das Inserat	/subscription / ad	/eine Zeitung abonnieren, auf . . . abonniert sein, ein Theaterabonnement haben / die Anzeige	
8. *ein komischer Kauz	a queer duck, oddball, freak	der Sonderling, *der Querkopf, *der Eigenbrötler, ein sonderbarer Heiliger, *eine komische Nummer, eine Marke, *eine Type	

VOCABULARY

	TRANSLATION	SYNONYM	OPPOSITE-ASSOCIATED
1. splitternackt		–	
2. ernten		–	
3. hassen		– – –	– –
4. herzliche Glückwünsche!		–	
5. die Gehirn- wäsche	–		
6. die Besetzung	–		
7. mit jm. wettei- fern		–	
8. klatschen		– –	–
9. *der Einfalts- pinsel		– – –	
10. die Sache hat einen Haken		– –	
11. korrupt		–	–

WORTSCHATZ

	ÜBERSETZUNG	SINNVERWANDTE WÖRTER	GEGENTEIL
1. splitternackt	stark naked, in one's birthday suit	im Adamskostüm, im Evaskostüm, wie sie Gott erschuf	
2. ernten	to reap	der Ertrag = yield	
3. hassen	to loathe, hate, despise ≠ dig, go for	nicht ausstehen, leiden, riechen können, verabscheuen, Ekel empfinden, nicht mögen, es geht mir gegen den Strich, jn. gefressen haben, im Magen liegen	gern haben, versessen sein auf, schwärmen für, *einen Narren gefressen haben an
4. herzliche Glückwünsche!	congratulations!	ich gratuliere (zu + dat.)	
5. die Gehirnwäsche	brainwashing		
6. die Besetzung	cast (theatre)		
7. mit jm. wetteifern	to compete with s.o.	s. messen mit, konkurrieren	
8. klatschen	to clap, to applaud	applaudieren, Beifall spenden, mit Beifall überhäufen	*auspfeifen = to boo
9. *der Einfaltspinsel	sucker, leichtgläubig = to be gullible	*der Dummkopf, *Dummerjan, *der Gefoppte, *Geprellte sein, der Reingefallene sein, *jm. auf den Leim gehen	
10. die Sache hat einen Haken	there's a hitch, snag, rub	da stimmt was nicht, *da hapert was, *da ist was faul	
11. korrupt	corrupt, bent ≠ upright	unehrlich, bestechlich, käuflich	ehrlich, anständig

VOCABULARY

	TRANSLATION	SYNONYM	OPPOSITE-ASSOCIATED
1. die Sackgasse		– – –	–
2. *jm. am Zeug flicken		– – –	–
3. *das Klo		– –	
4. der Einzel-gänger		– –	
5. das begeistert mich		– – – –	– – –
6. gesunden Men-schenverstand haben		– –	–
7. /die Masern / die Pocken, die Blattern	– –		
8. Grundeigentum		–	
9. jn. erwischen		– – –	

WORTSCHATZ

	ÜBERSETZUNG	SINNVERWANDTE WÖRTER	GEGENTEIL
1. die Sackgasse	dead end, standstill	auf einem toten punkt angelangen, *auf einem toten Geleise sein, ins Stocken geraten, steckenbleiben, *wie der Ochs vor dem Berg stehen, nicht ein noch aus wissen	ein Ausweg, a break-through = der Durchbruch
2. *jm. am Zeug flicken	to criticize, put s.o. down ≠ praise	jn. kritisieren, *herunterputzen, *über jn. herziehen, *an jm. herumnörgeln, herumkritisieren, *jn. durch den Kakao ziehen	loben, preisen
3. *das Klo	the john, bathroom, toilet, loo	die Toilette, das W.C., *das stille Örtchen, *der Lokus, Null Null, der *Donnerbalkon	
4. der Einzelgänger	lone wolf	der Aussenseiter, er sondert s. ab, er schliesst s. nicht an	
5. das begeistert mich	I dig it, it turns me on, it's my bag	*das ist toll, *prima, das ist was für mich, fabelhaft, das gefällt mir, das macht mir Spass, *ich bin ganz hin (weg)	es widert mich an = it turns me off, das sagt mir nichts, das mag ich nicht = not for me, das stinkt mir
6. gesunden Menschenverstand haben	to be level-headed	besonnen, bedächtig, klarblicken, einsichtig sein	ohne Überlegung = on the spur of the moment, *im Affekt handeln
7. /die Masern / die Pocken, die Blattern	/measles / smallpox		
8. Grundeigentum	real estate	wirklicher Besitz	
9. jn. erwischen	to nab s.o.	jn. festnehmen, *kriegen *schnappen, *hochnehmen, verhaften	

VOCABULARY

	TRANSLATION	SYNONYM	OPPOSITE-ASSOCIATED
1. schimpfen		– –	
2. auffällig		– –	–
3. die Sparkasse		–	
4. /die Betriebsführung / der Chef		/ – / –	–
5. / die Versteigerung / ein Angebot machen	– –	– –	
6. vergewaltigen		–	
7. schuldig sprechen		– –	
8. ein gutes Omen		–	–
9. ein hohes Tier		–	
10. *eine Lappalie		– –	
11. die Affäre		–	

WORTSCHATZ

	ÜBERSETZUNG	SINNVERWANDTE WÖRTER	GEGENTEIL
1. schimpfen	to grumble, kick, complain (schmollen = to sulk)	schelten, wie ein Rohrspatz schimpfen, *wettern, *fluchen, *mucken	
2. auffällig	gaudy, showy, striking ≠ inconspicuous	aufgeputzt, grell, *aufgedonnert, *knallig	anauffällig
3. die Sparkasse	savings bank	laufendes Konto = checking account, Sparvertrag	
4. /die Betriebsführung / der Chef	/the management / the manager	/die Direktion, die Leitung / der Vorgesetzte	/die Belegschaft / der Arbeiter = blue-collar worker, die Angestellten = white collar
5. / die Versteigerung / ein Angebot machen	/auction sale / to bid	/die Auktion, *unter den Hammer kommen, versteigert werden / etw. anbieten	
6. vergewaltigen	to rape	schänden, notzüchtigen	
7. schuldig sprechen	to convict s.o., send s.o. up	verurteilen, für schuldig erklären, den Stab brechen über, *jn. verdonnern, *verknacken	*laufen lassen, freilassen = let off, freisprechen
8. ein gutes Omen	good omen	ein gutes Vorzeichen	ein schlechtes Omen
9. ein hohes Tier	a big shot, big boss	*der Bonze, der *Drahtzieher	*das fünfte Rad am Wagen = 5th wheel, a nothing
10. *eine Lappalie	a trifle, detail	eine Kleinigkeit, die Bagatelle, die Nebensache, eine unbedeutende Angelegenheit	
11. die Affäre	an affair	/die Angelegenheit, der Fall, die Sache /der Skandal / die Liebelei, das Verhältnis	

VOCABULARY

	TRANSLATION	SYNONYM	OPPOSITE-ASSOCIATED
1. was meinen Sie damit?		– –	
2. sie erwartet ein Baby		–	
3. *Fressalien		– –	
4. der Imbiss		– –	
5. der Schnitzer		– –	
6. Silvester			

WORTSCHATZ

	ÜBERSETZUNG	SINNVERWANDTE WÖRTER	GEGENTEIL
1. was meinen Sie damit?	how's that? come again? what do you mean?	wie soll ich das verstehen? , was soll das heissen? , was wollen Sie damit sagen? , worauf wollen Sie hinaus?	
2. sie erwartet ein Baby	she's pregnant, expecting	sie ist schwanger, in anderen Umständen, in guter Hoffnung	die Abtreibung= abortion
3. *Fressalien	chow, feed	das Essen, die Nahrung, die Kost, das Futter, der *Frass	
4. der Imbiss	a bite, snack, knabbern = to nibble	der Snack, der Happen, das Appetithäppchen, der Bissen	
5. der Schnitzer	blunder, blooper	der Fehler, der Lapsus, *einen Bock schiessen	
6. Silvester	New Year's Eve		

IDIOMS

In tackling the learning of these idioms

a) fill in the blanks in the second column as far as you can

b) fold the page back to check your answer

c) read the translation of the sentence for further clarification.

IDIOMS

1. to ask point-blank	Er hat sie — — — — gefragt, — — — — und — — — gefragt, — — — — gefragt ob sie ihn heiraten wolle.
2. to take pot-luck	Bitte, machen Sie kein grosses Drum und Dran! Ich esse, was auf — — — — — — kommt.
3. to sell like hot cakes	In der ganzen Welt gehen Volkswagen wie — — — — — — weg.
4. to fit like a glove	Wunderbar! Das Kleid passt mir wie — — —.
5. that calls for a celebration!	Sie sind befördert worden! Das muss — — — werden.
6. a passing fancy	Seien Sie auf Greta nicht eifersüchtig! Für Hans ist es nur — — — — — —.
7. to add insult to injury	Nun hat er sie auch betrogen. Das setzt seiner Frechheit — — — — — — auf.
8. (to receive) a piece of s.o.'s mind / get it	Der bekommt etwas von mir zu — — —.
9. to go downhill	Seit er seine neue Arbeit angefangen hat, geht es — — — mit ihm.
10. to drink like a fish	Seit (dem) seine Frau gestorben ist, säuft er — wie — — — — — —. — wie — — — — — —.
11. his bark is worse than his bite	Hunde, die bellen, — — — — — —.
12. to be a pain in the neck	Sein ewiges Geschwätz — fällt mir auf — — — — — —. — geht mir auf — — — — — —.
13. beggars can't be choosers	Wenn's nicht anders geht, nehm ich halt das. In der Not frisst der Teufel — — —.
14. to be past one's prime	Sie sollte wirklich keine Minis mehr tragen. Sie ist — aus dem — — — heraus. — nicht mehr die — — —.
15. believe it or not	Ob Sie's glauben — — — — — —, er hat alle zehn Bratwürste gegessen.
16. to know the right people / to have an 'in'	Offensichtlich — hat er — — —. — kennt er den — — — — — —, wenn er seinen Telefonanschluss in zwei Wochen bekommen hat.

REDENSARTEN

1. rudheraus / klipp und klar / unverblümt fragen	He asked her point-blank if she would marry him.
2. essen, was auf den Tisch kommt	Please don't put yourself to any trouble. I'll take pot-luck.
3. wie warme Semmeln weggehen	All over the world Volkswagens sell like hot cakes.
4. wie angegossen passen	Marvellous! This dress fits me like a glove.
5. das muss begossen werden	You've been promoted! That calls for a celebration.
6. ein Abenteuer	Don't be jealous of Greta, for Hans she is just a passing fancy.
7. (einer Sache) die Krone aufsetzen	Now he's cheating on her too. It's really adding insult to injury.
8. etwas zu hören bekommen	I'll give him a piece of my mind.
9. es geht bergab mit ihm	Since he started his new job, he's been going downhill.
10. wie ein Loch / Fass trinken	He has been drinking like a fish ever since the death of his wife.
11. Hunde, die bellen, beissen nicht	His bark is worse than his bite.
12. auf den Wecker gehen / fallen / auf die Nerven gehen	His endless chatter is a pain in the neck.
13. in der Not frisst der Teufel Fliegen	If that's all you've got, I'll take it. Beggars can't be choosers.
14. aus dem Alter heraus sein / nicht mehr die jüngste sein	She should stop wearing minis. She is past her prime.
15. ob Sie's glauben oder nicht	Believe it or not, he ate all ten sausages.
16. Beziehungen haben / den richtigen Mann kennen	Obviously he knows the right people to have got the phone in two weeks.

IDIOMS

1. **a bird in the hand is worth two in the bush**

An deiner Stelle würde ich sein Angebot annehmen. Ein Spatz in der Hand ist besser als die Taube auf − − − − − −.

2. **as clear as daylight**

Du brauchst keine langen Worte zu machen, die Sache ist − − −.

3. **to rule the roost / run the show**

− Er spielt die erste − − −.
− Er ist der Herr − − − − − −.

4. **to wear the pants**

In Deutschland haben die Frauen selten die − − − − − −.

5. **to cloud the issue**

Bitte erwähnen Sie es nicht. Es würde nur − − − − − −.

6. **to put one's cards on the table / play fair and square**

Ich habe (es) gern mit Leuten zu tun,
− mit − − − − − − spielen.
− die Karten − − − − − − − − − legen.

7. **to kick the bucket**

Sobald er ins − − − − − −, werden sie die Erbschaft einkassieren.

8. **stop splitting hairs**

Lassen Sie doch die − − −. Der Sinn seines Briefs ist ganz klar.

9. **through thick and thin**

Wir gehen zusammen durch − − − und − − −.

10. **to add fuel to the flames**

Damit hat er nur − − − − − − − − − gegossen.

11. **to have a heart of gold**

Ganz bestimmt gibt sie es dir. Sie
− ist eine − − − − − −.
− hat ein − − − − − − − − −.
− ist − − −.

12. **as fit as a fiddle**

Seit der Operation fühle ich mich wieder
− − − −.
− − − −.
− ganz − − − − − − − − −.

13. **to know the score / to know what's what**

Sie brauchen es gar nicht erst mit ihr zu probieren. Sie kennt − die − − −.
− die − − −.

14. **(to hit) below the belt**

Das hätte sie nicht sagen sollen. Das war wirklich ein − − −.

15. **to be on the tip of one's tongue**

Momentchen, das Wort liegt mir auf − − − − − −.

16. **love at first sight**

Es war Liebe auf den − − − − − −.

REDENSARTEN

1. ein Spatz (Sperling) in der Hand ist besser als die Taube auf dem Dach

If I were you, I'd accept his offer. A bird in the hand is worth two in the bush.

2. sonnenklar

Say no more. It's clear as daylight.

3. die erste Geige spielen / der Herr im Haus sein

He rules the roost here.

4. die Hosen anhaben

In Germany the women rarely wear the pants.

5. Verwirrung stiften

Please don't mention that. It will only cloud the issue.

6. mit offenen Karten spielen / die Karten auf den Tisch legen

Let's put our cards on the table.

7. ins Gras beissen

As soon as he kicks the bucket, they'll cash in on the inheritance.

8. Haarspalterei

Stop splitting hairs. His letter is quite clear.

9. durch dick und dünn

We go through thick and thin together.

10. Öl ins Feuer giessen

His doing so only added fuel to the flames.

11. eine gute Seele sein / ein Herz aus Gold haben / herzensgut sein

I'm sure she'll give it to you. She has a heart of gold.

12. kerngesund / pudelwohl / ganz auf dem Damm

I feel as fit as a fiddle since the operation.

13. die Masche / die Platte kennen

You try anything with her. She knows the score.

14. ein Tiefschlag

She shouldn't have said that. It was really hitting below the belt.

15. auf der Zunge liegen

Just a minute. It's on the tip of my tongue.

16. Liebe auf den ersten Blick

It was love at first sight.

IDIOMS

1. **right off the bat**

Er hat es — — — — — — gewusst.

2. **(to be) the final blow / the last straw**

Ich war schon verzweifelt, und diese Nachricht
— hat mir den — — — gegeben.
— macht das — — — voll.

3. **a. you can't have your cake and eat it / can't have it both ways**

a. Das war eine grosse Enttäuschung, aber du kannst nicht beides — — —.

b. there's a limit to everything

b. Es ist dafür gesorgt, dass die Bäume — — —
— — — — — — — — — — —.

4. **to meet someone half way**

Also gut! Ich komme Ihnen auf — — — — — —
entgegen.

5. **to hint / drop a hint**

Er liess — — —, dass er bald in den Ruhestand ginge.

6. **to be down in the dumps**

Seitdem seine Frau krank ist,
— bläst er — — —.
— hängt er düsteren — — — — — —.

7. **to be the spitting image of**

Ganz wie der Vater! Wie aus dem — — — — — —

8. **to fly off the handle / blow one's top**

Sie — ist aus — — — — — — gefahren,
— ist ausser sich — — —,
als er es ihr gesagt hat.

9. **to hand (s.o. stg.) on a plate / on a silver platter**

Er hat überhaupt keine Schwierigkeiten gehabt.
Man hat — ihm alles — — — serviert.
— ihm alles auf einem — — — serviert.

10. **to give s.o. a piece of one's mind**

Ich habe die Nase voll! Jetzt sage ich ihm
— gründlich — — — — — —.
— die Wahrheit — — — — — — — — —.

11. **to be sadly mistaken / to be out in left field**

Wenn er glaubt, dass er eine Gehaltserhöhung bekommt, dann
— ist er auf — — — — — —.
— hat er sich — — —.
— hat er sich gründlich — — —.

12. **it's like carrying coals to Newcastle**

Das hiesse — Eulen — — — — — — — — —.
— offene — — — — — —.

13. **to hit home / to hit a sore spot**

Sprechen Sie nicht mit ihr darüber.
Das ist ihr — — — — — —.
— Da drückt sie — — — — — —.
— Das ist ihre schwache — — —.

1. auf Anhieb

He knew it right off the bat.

2. den Rest geben / das Mass vollmachen

I was already low, but this news was the final blow.

3. a. nicht beides haben (tun) können

a. It was a great disappointment but you can't have it both ways.

b. die Bäume wachsen nicht in den Himmel

b. There's a limit to everything.

4. jm. auf halbem Wege entgegen kommen

All right, I'll meet you half way.

5. durchblicken lassen

He hinted that he was retiring soon.

6. Trübsal blasen / düsteren Gedanken nachhängen

Since his wife's been ill, he's been down in the dumps.

7. jm. wie aus dem Gesicht geschnitten sein

He's a chip off the old block.

8. aus der Haut fahren / ausser sich geraten

She flew off the handle when he told her.

9. vorgekaut servieren / auf einem Silbertablett servieren

He had no trouble at all. They handed him everything on a silver platter.

10. jm. (gründlich) seine Meinung sagen, jm. die Wahrheit ins Gesicht sagen

I'm fed up with it! I'm going to give him a piece of my mind.

11. auf dem Holzweg sein, sich verrechnen / gründlich täuschen

If he thinks he'll get a raise, he's sadly mistaken.

12. Eulen nach Athen tragen / offene Türen einrennen

That would be like carrying coals to Newcastle.

13. das ist der wunde Punkt / da drückt der Schuh / das ist die schwache Stelle

Don't speak about it with her. It's her sore spot.

IDIOMS

1. **never put off till tomorrow what you can do today**

2. **to grease s.o.'s palm / to slip s.o. stg.**

3. **birds of a feather flock together / a man is known by the company he keeps**

4. **an eye for an eye / a tooth for a tooth**

5. **it's as easy as pie / there's nothing to it.**

6. **take it or leave it**

7. **by the skin of one's teeth / a close shave**

8. **to hold the line (telephone)**

9. **slowly but surely / haste makes waste**

10. **to be tight with money / a penny-pincher**

11. **to jump to conclusions**

12. **at all costs / by hook or by crook**

Was du heute kannst besorgen, das verschiebe nicht — — — — — —.

Wenn Sie — ihm — — — zahlen,
— ihn — — —,
— ihm etwas Geld in die — — — — — —,
macht er das sicher.

— Gleich und gleich gesellt — — — — — —.
— Sage mir, mit wem du gehst, und ich sage dir, wer — — — — — —.

— Das zahle ich ihm heim. Aug' um Auge, Zahn — — — — — —.
— Wie du mir, so — — — — — —.
— Eine Hand wäscht — — — — — —.
— Da hiess es, gleiches — — — — — — vergelten.

Das ist — ein — — —.
— kinder — — —.
— keine — — —.

— Wer nicht will, der hat — — —.
— Wenn Sie nicht wollen, so lassen Sie's — — —.

— Wir können von Glück sprechen. Es hing an — — — — — —.
— Es wäre um — — — — — — schiefgegangen.

— Bleiben Sie bitte — — — — — —! Ich schaue nach, ob er da ist.

— Langsam — — — — — — hat er sich emporgearbeitet.
— Eile — — — — — —.

Er — lässt nichts — — —.
— ist — — —.
Das muss ein Schotte sein.

Ziehen Sie keine voreiligen — — — ;
Urteilen Sie nicht — — — ;
noch ist nichts entschieden.

— Ich muss ihn — um — — — — — — sprechen.
— Ich muss ihn sprechen, koste es, was — — — — — —!

REDENSARTEN

1. **was du heute kannst besorgen, das verschiebe nicht auf morgen**

   Never put off to morrow what you can do today.

2. **jm. Schmiergeld zahlen / jn. bestechen, schmieren / jm. etw. Geld in die Hand drücken**

   If you slip him something, he'll take care of it.

3. **gleich und gleich gesellt sich gern / sage mir, mit wem du gehst, und ich sage dir, wer du bist**

   Birds of a feather flock together.

4. **Aug' um Auge, Zahn um Zahn, wie du mir, so ich dir / eine Hand wäscht die andere / Gleiches mit Gleichem vergelten**

   I'll get even with him. An eye for an eye, a tooth for a tooth.

5. **ein Kinderspiel / kinderleicht / das ist keine Hexerei**

   It's easy as pie.

6. **wer will nicht, der hat schon / wenn Sie nicht wollen, so lassen Sie's bleiben**

   Take it or leave it.

7. **an einem Faden hängen / um ein Haar**

   We were lucky. It was a close shave.

8. **am Apparat bleiben**

   Hold the line please and I'll see if he's here.

9. **langsam aber sicher / Eile mit Weile**

   He worked slowly but surely. Haste makes waste.

10. **nichts springen lassen / geizig sein / ein Geizhals (Geizkragen) sein**

    Must be a Scot; he's a real penny-pincher.

11. **voreilige Schlüsse ziehen / voreilig urteilen**

    Don't jump to conclusions; nothing is certain yet.

12. **um jeden Preis / koste es, was es wolle**

    I must speak to him at all costs.

IDIOMS

1. **to see the lay of the land**

Er ging voraus, um zu sehen woher der — — — — — —.

2. **to put a good face on stg. / to grin and bear it**

Er hat uns reingelegt. Aber was bleibt uns anderes übrig, als gute Miene zum — — — — — — machen.

3. **(it's) this is no laughing matter**

Da gibt es nichts — — — — — — —.

4. **he's up to his old tricks**

Zwei Monate hat er sich ruhig verhalten, aber jetzt fängt er wieder an,
— dumme — — — zu — — —.
— Allotria zu — — —.

5. **to give s.o. the slip**

Endlich konnte ich
— ihn — — —.
— ihn — — —.

6. **to be in one's element**

Schon nach der ersten Reitstunde fühlte er sich in — — — — — —.

7. **shared joys are doubled / the more the merrier**

Geteilte Freude ist — — — — — — —.

8. **to make ends meet**

Bei den steigenden Lebenskosten kann man
— kaum noch mit seinem — — — — — —.
— sich kaum noch über — — — — — —.

9. **two heads are better than one**

Was hältst du davon? Vier Augen sehen mehr — — — — — —.

10. **she's wet behind the ears / she's a greenhorn**

Als sie aus der Provinz hier ankam,
— war sie noch feucht hinter — — — — — —.
— hatte sie von Tuten und Blasen — — — — — —.

11. **you can lead a horse to water but you can't make him drink**

Man kann niemand zu seinem — — — — — —.

12. **to the bitter end**

Es war totlangweilig, doch blieb ich bis zum — — — — — —.

13. **to keep one's fingers crossed**

Halt mir — — — — — —, dass alles gut geht.

14. **to sleep in late**

Psst! Du weisst doch, Vater schläft sonntags bis in — — — — — —.

15. **to go from one extreme to the other / blow hot and cold**

Man weiss nie, woran man mit ihr ist, sie fällt immer von einem Extrem — — — — — —.

111

REDENSARTEN

1. sehen woher der Wind weht

He went ahead to see the lay of the land.

2. gute Miene zum bösen Spiel machen

He's sold us a lemon but we can only grin and bear it.

3. da gibt es nichts zu lachen

This is no laughing matter.

4. dumme Streiche machen / Allotria treiben

He was O.K. for two months but now he's up to his old tricks again.

5. jn. abschütteln / jn. loswerden

I finally managed to give him the slip.

6. sich in seinem Element fühlen

From the first riding lesson on, he was in his element.

7. geteilte Freude ist doppelte Freude

Shared joys are doubled (the more the merrier).

8. mit seinem Geld auskommen / sich über Wasser halten

With the rising cost of living it's hard to make ends meet.

9. vier Augen sehen mehr als zwei

Tell me what you think; two heads are better than one.

10. sie ist noch feucht hinter den Ohren / sie hat von Tuten und Blasen keine Ahnung

When she arrived from the provinces she was still wet behind the ears.

11. man kann niemand zu seinem Glück zwingen

You can lead a horse to water but you can't make him drink.

12. bis zum bitteren Ende

It was as boring as hell but I stayed to the bitter end.

13. den Daumen halten / drücken

Keep your fingers crossed for me.

14. bis in die Puppen schlafen

S-s-sh, you know your father likes to sleep late on Sundays.

15. von einem Extrem ins andere fallen

You never know where you stand with her; she keeps going from one extreme to the other

IDIOMS

1. to combine business with pleasure	Die meisten Geschäftsleute probieren, das Angenehme mit dem – – – zu verbinden, wenn sie eine Geschäfsreise nach Paris planen.
2. a load off one's mind	Mensch! da fällt mir ein Stein – – – – – –.
3. you be the judge	Das sind Tatsachen. Urteilen – – – – – –.
4. he's nuts / as mad as a hatter / off his rocker	Glaub nicht alles, was er sagt. Er – hat nicht alle Tassen – – – – – – – ist nicht richtig im – – –. – ist als Kind zu heiss – – – – – –. – s – – –. – Bei ihm ist – – – – – – – – –.
5. to blow one's top / climb up the wall	Das ärgert mich so, dass ich – – – – – – – – – – – – – – könnte. – – – – – – – – – – – könnte.
6. to leave s.o. in the lurch	Er hat seine – Frau – – – lassen – Frau – – – – – – gelassen und lebt jetzt bei seiner Freundin.
7. on the spot / without warning	Er ist Knall – – – – – – entlassen worden
8. to get out of bed on the wrong side	Heute Morgen ist er schlecht gelaunt. Er ist wohl mit dem linken – – – – – –.
9. his hands are tied	Er hat keine Wahl! Ihm sind – – – – – – – – – gebunden.
10. to talk rubbish	Erzählen Sie – – – – – –.
11. a. the penny dropped / it clicked	a. Der Groschen ist – – –.
b. it rings a bell	b. Das sagt – – – – – –.
12. old hat	Das kennen wir. Das ist – ein – – – – – –. – ein – – – – – –. – eine – – – – – –.
13. to change one's mind	Mein Mann sagt immer, dass Frauen zehnmal pro Tag ihre – – – – – –.
14. in turn (to take turns)	Das Spiel ist sehr einfach. Man würfelt – der – – – – – – einer – – – – – – – – und wer die höchste Zahl hat, gewinnt.

1. das Angenehme mit dem Nützlichen verbinden	Most businessmen try to combine business with pleasure when planning a trip to Paris.
2. (es fällt mir) ein Stein vom Herzen	Wow, that's a load off my mind
3. urteilen Sie selbst	Those are facts. You be the judge.
4. nicht alle Tassen im Schrank haben / er ist nicht richtig im Oberstübchen / * er ist als Kind zu heiss gebadet worden /* spinnen /*bei ihm ist eine Schraube locker	Don't believe everything he says. He's nuts.
5. aus der Haut fahren / die Wände hochgehen	It's enough to make you climb up the wall.
6. jn. sitzen lassen / im Stich lassen	He left his wife in the lurch and now he is living with his mistress
7. Knall und Fall	He was fired on the spot.
8. mit dem linken Bein (Fuss) aufstehen	He's in a bad mood. He must have got out of bed on the wrong side.
9. ihm sind Hände and Füsse gebunden	He has no choice. His hands are tied.
10. *Unsinn /*Kohl /*Quatsch /*Blech erzählen /*verzapfen	Stop talking rubbish.
11. a. der Groschen ist gefallen	a. The penny dropped.
b. das sagt mir etw.	b. It rings a bell.
12. ein alter Trick / ein alter Hut / eine alte Masche	That kind of attempt is old hat.
13. seine Meinung ändern	My husband always says that women change their minds ten times a day.
14. der Reihe nach / einer nach dem andern	The game is very simple. The players take turns at throwing the dice and the highest number wins.

IDIOMS

1. **it's out of the question**

Es kommt gar nicht — — — — — —, dass wir sie zusammen einladen.

2. **it goes without saying**

Natürlich können Sie auch die Küche benutzen, wenn Sie hier wohnen. Das versteht sich — — — — — —.

3. **to bear in mind / take into account**

Wenn du sie beurteilst,
— solltest du — — —,
— in — — — — — —,
— nicht ausser — — — — — —,
dass ihr das Leben nicht viel Chancen bot.

4. **it doesn't matter**

Das — — — — — —.

5. **I couldn't help laughing**

Peter war so komisch, dass ich mir das Lachen einfach nicht — — — konnte.

6. **to look like two peas in a pod / look alike**

Die Zwillinge gleichen sich wie — — — — — — dem andern.

7. **to spread like wildfire**

Die Nachrichten verbreiteten sich mit — — —.

8. **to know s.o. by sight**

Ich kenne ihn — — — — — —.

9. **to hold good**

Unser Angebot — bleibt bis Montag — — —.
— — — — bis Montag.

10. **to drop s.o. a line**

Schreiben Sie mir ein Paar — — —, damit ich weiss, dass Sie gut angekommen sind.

11. **that's it / that's the ball game**

Wenn sein Chef das erfährt,
— geht alles — — —.
— ist alles — — —.
— ist alles im — — —.

12. **it serves him right**

Warum bedauern Sie ihn? Das — — — ihm ganz — — —.

13. **to leave s.o. alone**

Sie fühlt sich nicht ganz wohl. Am besten lassen wir sie — — — — — —.

14. **to beat about the bush**

Sagen Sie mir, was los ist. Schleichen Sie nicht wie die Katze um — — — — — — — — —.

15. **to put one's foot in it**

Alles war wunderbar, bis ich mit jener dummen Bemerkung
— ins — — — trat.
— einen — — — machte.
— einen — — — schoss.

16. **keep your head / your cool**

Das erste Gebot bei einem Unfall ist
— einen — — — — — — zu behalten.
— einen — — — — — — zu bewahren.

REDENSARTEN

1. **es kommt nicht in Frage**

   Inviting them together is out of the question.

2. **es versteht sich von selbst**

   It goes without saying that you can use the kitchen if you live here.

3. **berücksichtigen / in Betracht ziehen / nicht ausser acht lassen**

   You should bear in mind when judging her that life hasn't given her much of a chance.

4. **das macht nichts**

   It doesn't matter.

5. **sich das Lachen nicht verbeissen können**

   Peter was so funny that I couldn't help laughing.

6. **sich gleichen wie ein Ei dem andern**

   The twins are like two peas in a pod.

7. **s. mit Windeseile verbreiten**

   The news spread like wildfire.

8. **jn. vom Sehen kennen**

   I know him by sight.

9. **gültig bleiben / gelten**

   Our offer holds good until Monday.

10. **ein paar Zeilen schreiben**

    Drop me a line so that I'll know you arrived O.K.

11. ***flöten gehen / aus sein / im Eimer sein**

    If the boss finds out, that's the ball game.

12. **das geschieht ihm recht**

    Why do you feel sorry for him? It serves him right.

13. **jn. in Ruhe lassen**

    She doesn't feel very well. We'd better leave her alone.

14. **wie die Katze um den heissen Brei schleichen**

    Tell me what's up. Don't beat around the bush.

15. **ins Fettnäpfchen treten / einen Schnitzer machen / einen Bock schiessen**

    Everything was dandy until I put my foot in it with that stupid remark.

16. **einen kühlen Kopf behalten / ruhig Blut bewahren**

    The first rule in an accident is to keep your head.

116

IDIOMS

1. **not to stand a chance / not to have a Chinaman's chance**

   Er wird nie gewinnen. Es besteht überhaupt keine — — — / — — — für ihn.

2. **to put the cart before the horse**

   Zäumen Sie nicht das Pferd beim — — — — — —!

3. **to suit one to a tee / suit one fine**

   Ihr Plan — sagt mir — — —.

4. **to go wrong**

   Ganz bestimmt ist etwas — — —, sonst wären sie schon lange hier.

5. **to leave s.o. holding the bag (baby)**

   Seine Kameraden haben ihm alles in die — — — — — —.

6. **to cut a long story short**

   — Langer Rede — — — — — —,
   — Mit — — — — — —,
   — K — — — und — — —,
   er hat sie verlassen.

7. **to have a one-track mind**

   Er hat immer nur — — — — — — — — —.

8. **to foot the bill / pick up the tab**

   Er glaubte, er wäre eingeladen, aber am Schluss musste er — die Rechnung — — — — — —.

9. **to scrape one's last pennies together**

   Ich kratzte — — — — — — — — — zusammen um ihr einen Blumenstrauss zu kaufen.

10. **in no time / in the bat of an eye**

    Ich mache es
    — im — — —.
    — in Null — — — — — —.
    — im — — —.
    — schwupps — — — — — —.
    — ruck- — — —.

11. **the early bird catches the worm**

    Morgenstund hat Gold im — — —.

12. **out of sight, out of mind**

    Aus den Augen, aus — — — — — —.

13. **to put all one's eggs in one basket**

    Sie sollten nicht alles auf eine — — — — — —.

14. **she wasn't born yesterday**

    Sie ist — mit allen — — — — — —.
    — nicht — — — — — —.

15. **it's no use crying over spilt milk**

    — Geschehen — — — — — —.
    — Getan ist — — —.

REDENSARTEN

1. **für jn. besteht keine Aussicht / Chance**

   He doesn't stand a chance. He'll never win.

2. **das Pferd beim Schwanz aufzäumen**

   Don't put the cart before the horse.

3. **einem zusagen**

   Your plan suits me fine.

4. **schiefgehen**

   I'm sure something's gone wrong. Otherwise they'd have been here long ago.

5. **jm. etw. in die Schuhe schieben**

   His friends left him holding the bag (baby).

6. **langer Rede kurzer Sinn / mit einem Wort / kurz und gut**

   To cut a long story short, he left her.

7. **immer nur dasselbe im Kopf haben**

   He has a one-track mind.

8. **die Rechnung begleichen / bezahlen / in die Tasche greifen**

   He thought he was invited but had to pick up the tab.

9. **die letzten Reste zusammenkratzen**

   I scraped my last pennies together to buy her a bunch of flowers.

10. **im Nu, in Null Komma nichts / im Handumdrehen / schwupps-di-wupps / ruck-zuck**

    I'll have it done in no time.

11. **Morgenstund hat Gold im Munde**

    The early bird catches the worm.

12. **aus den Augen, aus dem Sinn**

    Out of sight, out of mind.

13. **alles auf eine Karte setzen**

    Don't put all your eggs in one basket.

14. **mit allen Wassern gewaschen sein / nicht von gestern sein**

    She wasn't born yesterday.

15. **geschehen ist geschehen / getan ist getan**

    It's no use crying over spilt milk

IDIOMS

1. to hit the nail on the head	Sie haben den Nagel auf den — — — — — —.
2. where there's a will, there's a way	—Wer will, — — — — — —. —Wo ein Wille ist, da ist auch — — — — — —.
3. a dime a dozen	Diese Art Gemälde ist — — — — — —. — D — — —.
4. to eat one's hat	Wenn du das machen kannst, — fresse — — — — — — — — —, — will ich — — — — — —.
5. to turn over a new leaf	Am 1. Januar — fange ich ein neues — — — — — —. — werde ich ein anderer — — —.
6. when the cat's away, the mice will play	Ist die Katze aus dem Haus, tanzt — — — — — —. Wenn die Katze fort ist, tanzen die Mäuse auf — — — — — —.
7. don't pull any punches / give it to me straight	Auch wenn Sie eine schlechte Nachricht für mich haben, — sagen Sie es mir — — — — — —. — sagen Sie es mir — — — — — —.
8. to make matters worse / into the bargain	Man hat seinen Wagen gestohlen — und sein Geld noch — — —, — und, um das Mass — — —, auch noch sein Geld. — und zu allem — — —, auch noch sein Geld.
9. it never rains but it pours	Er hat nichts als Pech im Moment. Es stimmt schon, ein Unglück — — — — — — — — —.
10. to pull s.o.'s leg	Glauben Sie ihm nicht! Er — hält Sie doch nur — — — — — —. — nimmt Sie doch nur auf — — — — — —. — macht sich über — — — — — —.
11. to fall between two stools / be caught between the devil and the deep blue sea	Was kann man in meiner Lage schon machen? Ich — sitze wirklich zwischen zwei — — —. — stecke zwischen Hammer — — — — — —. — stecke in der — — —.
12. to let the cat out of the bag / give the show away	Ich wollte das Geschäft geheimhalten, aber ein Mitarbeiter — hat die Katze aus dem — — — — — —. — hat das Geheimnis — — — / — — —.

REDENSARTEN

1. den Nagel auf den Kopf
treffen

You hit the nail on the head.

2. wer will, der kann; wo ein Wille
ist, da ist auch ein Weg

Where there's a will, there's a way.

3. nichts Besonderes / Dutzend-
ware

That kind of painting is a dime a dozen.

4. einen Besen fressen, Heinrich
heissen wollen

If you can do that, I'll eat my hat.

5. ein neues Leben anfangen, /
ein anderer Mensch werden

Come January first, and I'm going to turn
over a new leaf.

6. ist die Katze aus dem Haus,
tanzt die Maus / wenn die
Katze fort ist, tanzen die
Mäuse auf dem Tisch

When the cat's away, the mice will play

7. etwas gerade heraussagen/
ohne Umschweife sagen

However bad the news is, don't pull any
punches.

8. obendrein / um das Mass voll-
zumachen / zu allem Unglück

They stole his car and his money into the
bargain.

9. ein Unglück kommt selten
allein

He's had one piece of bad luck after another.
It's true that it never rains but it pours.

10. jn. zum Narren halten / jn.
auf den Arm nehmen / sich
über jn. lustig machen

Don't believe him! He's pulling your leg.

11. zwischen zwei Stühlen / zwei
Feuern sitzen / zwischen
Hammer und Amboss / in
der Zwickmühle stecken

What can you do in such a situation? I'm
caught between the devil and the deep blue
sea.

12. die Katze aus dem Sack lassen
/ ein Geheimnis ausplaudern /
verraten

I wanted to keep the deal quiet but a colleague
gave the show away.

120

IDIOMS

1. to take s.o. for a ride

Sie dachte immer, er sei Junggeselle. Er
— hat sie ganz schön an der — — —   — — —.
— hinters — — — — — —.

2. lucky at cards, unlucky in love

Glück im Spiel, — — —   — — —   — — —   — — —.

3. look before you leap

Erst mal sehen, wie der — — —   — — —.

4. Rome wasn't built in a day

— Rom wurde nicht in einem — — —   — — —.
— Gut — — —   — — —   — — —   — — —.

5. to count one's chickens before they're hatched

— Freuen Sie sich nicht — — —   — — —.
— Sie haben die Rechnung — — —   — — —
— — —.

6. (it's like) looking for a needle in a haystack

Es hat keinen Zweck! Es ist, als ob man eine
Nadel im — — —   — — — würde.

7. to be in a tight spot / up the creek without a paddle

Es wird ihr schwerfallen, einen Ausweg zu
finden. Sie
— sitzt wirklich in der P — — — / S — — — /
T — — —.
— ist in — — —   — — —.

8. once in a blue moon

Ich sehe ihn nur — — —   — — — einmal, nämlich
dann, wenn er Geld braucht.

9. I saw the light / it dawned on me

Ich wusste nicht, dass sie ineinander verliebt
waren. Erst als ich die beiden zusammen sah,
— gingen mir die — — —   — — —.
— fiel es mir wie — — —   — — —   — — —   — — —.

10. to give as good as one gets

Er blieb ihr — — —   — — —.

11. to do an about-face / a turn-about

Beide Firmen waren sich über den Vertrag so
gut wie einig, als die eine plötzlich
— einen — — —   — — —.
— ihre — — —   — — —.

12. the pick of the lot / the cream of the crop

In diesem Viertel
— wohnen nur die — — —   — — —.
— wohnt die — — —.
— wohnt das Beste — — —   — — —.

13. when the cows come home / when hell freezes over

Wenn du auf ihn wartest, ist die Arbeit
— am Sankt — — — noch nicht fertig.
— erst fertig wenn Ostern und Pfingsten auf
— — —   — — —   — — —.

1. jn. an der Nase herumführen / hinters Licht führen	All along she thought he was single. He really took her for a ride.
2. Glück im Spiel, Pech in der Liebe	Lucky at cards, unlucky in love.
3. sehen, wie der Hase läuft	Look before you leap.
4. Rom wurde nicht in einem Tag erbaut / gut Ding will Weile haben	Rome wasn't built in a day.
5. sich zu früh freuen / die Rechnung ohne den Wirt machen	Don't count your chickens before they're hatched.
6. eine Nadel im Heuhaufen suchen	It's not worth it. It's like looking for a needle in a haystack.
7. in der Patsche / Suppe / Tinte sitzen / in der Klemme sein	She'll have a job getting out of that one.
8. alle Jubeljahre einmal	I only see him once in a blue moon — when he needs money
9. die Augen gingen mir auf / es fiel mir wie Schuppen von den Augen	I didn't know they were in love. It dawned on me when I saw them together.
10. jm. nichts schuldig bleiben	He gave as good as he got.
11. einen Rückzieher machen / die Meinung ändern	Everything was virtually settled between the two companies and then onē did an about-face.
12. die oberen Zehntausend / die Elite / das Beste vom Besten	Only the cream of the crop live here.
13. am Sankt Nimmerleinstag / wenn Ostern und Pfingsten auf einen Tag fallen	Wait for him and the job won't be finished till the cows come home.

IDIOMS

1. to fall for stg. / take the bait

Er hat mir so schöne Versprechungen gemacht, dass ich — ihm auf den — — — gegangen bin.
— in die — — — (ins — — — / — — —) gegangen bin.

2. to miss one's chance / the boat

Er hat die Gelegenheit — — —, den Vertrag unterzeichnen zu lassen.

3. fortune favours fools / fools rush in where wise men fear to tread

Die dümmsten Bauern haben die — — — — — —.

4. I'd like you to meet

Darf ich Ihnen Herrn Müller — — —?

5. straight or on the rocks?

Möchten Sie Ihren Whisky — — — oder — — — — — —?

6. to face the music / pay the piper

Jeden Tag kommt er zu spät ins Büro, aber eines Tages — wird er die — — — bezahlen . müssen.
— wird er es — — — müssen.
— wird er die — — — — — — müssen.

7. to be on pins and needles

Marion sass wie auf — — — — — —, als er ihr endlich die Frage stellte.

8. a house-warming

Nächste Woche — feiern wir mit allen unseren Freunden unseren — — —.
— — — — wir unsere neue Wohnung — — —.

9. from top to toe

Sie hat sich
— vom — — — bis zur — — —
— von — — — bis — — —
— von — — — bis — — —
neu eingekleidet.

10. barking up the wrong tree

Das ist absolut nicht der Grund. Sie sind auf — — — — — —.

11. to be the apple of one's eye

Sie ist seine Lieblingstochter. Er hüter sie wie — — — — — —.

12. a. it has neither rhyme nor reason

a. Deine Idee hat weder — — — noch — — —

b. stg. is sensible / make sense

b. Dein Vorschlag hat wirklich — — — und — — —.

13. to cost an arm and a leg / a pretty penny / to pay through the nose

In diesem Restaurant kostet das Essen
— ein — — —.
— ein — — —.
— eine — — — — — —.
In diesem Restaurant musst du — — —.

123

1. jm. auf den Leim gehen / in die Falle (ins Netz / Garn) gehen

He handed me such a line that I fell for it completely.

2. eine Gelegenheit verpassen

He missed his chance of getting the contract signed.

3. die dümmsten Bauern haben die grössten Kartoffeln

Fortune favours fools.

4. darf ich Ihnen . . . vorstellen

I'd like you to meet Mr Muller.

5. pur oder mit Eis?

Would you like your scotch straight or on the rocks?

6. die Zeche bezahlen / es ausbaden müssen / die Suppe auslöffeln müssen

He's late for the office every day. One day he'll have to face the music

7. auf glühenden Kohlen sitzen

Marion was on pins and needles by the time he popped the question.

8. den Einzug feiern / eine neue Wohnung einweihen

Next week we're having a house-warming party with all our friends.

9. vom Scheitel bis zur Sohle / von Kopf bis Fuss / von oben bis unten

She bought a completely new outfit from top to toe.

10. auf dem Holzweg sein

No, that's not it at all; you're barking up the wrong tree.

11. wie seinen Augapfel hüten

She's his pet daughter; the apple of his eye.

12. a. das hat weder Hand noch Fuss

a. Your idea is absurd. It has neither rhyme nor reason.

b. Hand und Fuss haben

b. That's a very sensible suggestion of yours.

13. ein Vermögen / Heidengeld kosten / eine Stange Geld kosten / *blechen

In that restaurant you pay through the nose.

IDIOMS

1. a. to come back empty-handed

Der Vertrag hätte heute unterzeichnet werden sollen, aber der Chef
— kam — — — — — — zurück.
— kam mit leeren — — — — — —.

b. a wild goose chase

Es war ein — — — — — —.

2. to be the picture of health

Nach dem Urlaub sah er wie das — — — — — —
aus.

3. to rub s.o. up the wrong way

Er hat die Gabe, andere Leute — — — — — —.
— vor den Kopf — — —.

4. to strike while the iron is hot / make hay while the sun shines

Wenn ich Ihnen einen Rat geben darf, schmieden
Sie das Eisen, solange es — — — — — —.

5. to sleep like a log

Nach diesem Essen werde ich wie — — — — — —
schlafen.

6. be that as it may

Wie dem — — — — — —, ich will ihn nicht mehr
sehen.

7. as old as the hills

Der Witz — hat — — — — — —.
— ist — — —.

8. to clash / jar / be ill-matched

Die Vorhänge passen zum Teppich wie die
Faust — — — — — —.

9. it's now or never

Entweder jetzt — — — — — —.

10. to bring s.o. to his senses

Er hat es fertiggebracht, dem Fanatiker den
— — — — — — / — — — — — —.

11. to have the odds in one's favour

Sie — hat das Glück auf — — — — — —.
— ist — — — — — —.

12. to make a mountain out of a molehill

So schlimm ist es auch wieder nicht! Sie machen
aus einer Mücke — — — — — —.

13. to hold one's own

Mach dir keine Gedanken. Ich stehe — — —
— — —.

14. to paint the town red / to hit the high spots

Nach der Prüfung werden wir
— die — — — — — — — — —.
— alle möglichen — — — — — —.
— alles auf den — — — — — —.

15. it remains to be seen

Er hat es versprochen, aber ob er es wirklich
tut,
— steht — — —.
— bleibt — — —.

125

1. a. unverrichteter Dinge / mit leeren Händen zurückkommen	The contract was supposed to have been signed today, but the boss came back empty-handed.
b. ein zweckloses Unternehmen	It was a wild-goose chase.
2. wie das blühende Leben aussehen	After his vacation, he was the picture of health.
3. jn. verkehrt anfassen / vor den Kopf stossen	He has a genius for rubbing people the wrong way.
4. (man muss) das Eisen schmieden, solange es warm ist	If you want my advice, strike while the iron is hot.
5. wie ein Murmeltier / Dachs / Sack schlafen	After this dinner, I'm going to sleep like a log.
6. wie dem auch sei	Be that as it may, I don't want to see him again.
7. einen Bart haben / uralt sein	That joke is as old as the hills.
8. zusammenpassen wie die Faust aufs Auge	The curtains clash horribly with the carpet.
9. entweder jetzt oder nie	It's now or never.
10. jm. den Kopf zurechtsetzen / zurechtrücken	He managed to bring the maniac to his senses.
11. das Glück auf seiner Seite haben / ein Glückspilz sein	The odds are in her favour.
12. aus einer Mücke einen Elefanten machen	It's not as bad as all that! You're making a mountain out of a molehill.
13. seinen Mann stehen	Don't worry, I can hold my own.
14. die Stadt unsicher machen / alle möglichen Streiche anstellen / alles auf den Kopf stellen	When the exam's over, we'll paint the town red.
15. es steht offen / es bleibt offen / es bleibt dahingestellt	He said he would do it but it remains to be seen if he will.

IDIOMS

1. **practice makes perfect**

Machen wir weiter! Übung macht − − − − − − .

2. **at one's own risk**

Sie machen es auf − − − − − − .

3. **an open secret**

− Die Spatzen pfeifen es von − − − − − − ,
− Es ist ein − − − − − − ,
dass sie unglücklich ist.

4. **on second thoughts**

Nach − − − − − − finde ich die Idee gar nicht so schlecht.

5. **to be sitting pretty / to be on easy street**

In seiner neuen Firma
− liegt er auf der − − − − − − .
− schiebt er eine − − − − − − .

6. **the golden mean / the happy medium**

Die − − − − − − ist das Beste; nicht zu lang und nicht zu kurz.

7. **a. to be quick on the uptake ≠**

Er − − − / − − − sehr schnell.

b. to be slow on the uptake

Hat der aber eine − − − − − − !
Er ist − − − − − − − − − !

8. **to make a slip of the tongue / it slipped out**

Er wollte es nicht sagen, aber das Wort ist ihm − − − − .

9. **to sleep on stg.**

Ich kann jetzt noch nicht antworten.
− Lassen Sie es mich − − − .
− Guter Rat kommt − − − − − − .

10. **to smell a rat**

Als er ausweichend antwortete, habe ich
− − − − − − − .
− − − − − − − − − − .

11. **let sleeping dogs lie**

Natürlich können Sie ihn fragen, aber ich würde diese alte Geschichte nicht − − − /
− − − .

12. **to call a spade a spade**

Nennen wir das Kind doch − − − − − − .

13. **to slip one's mind**

Entschuldigen Sie bitte, aber ihr Name ist mir − − − .

14. **what will be, will be**

Sie können nichts daran ändern.
− Die Würfel sind − − − .
− Die Entscheidung ist − − − .
− Es muss − − − − − − − − − − − − .

15. **to get down to brass tacks / to cases**

Machen Sie keine Ausflüchte. Kommen Sie
− − − − − − !

16. **stick to your guns**

Lassen Sie nicht − − − !

REDENSARTEN

1. Übung macht den Meister

Let's keep at it! Practice makes perfect

2. auf eigene Gefahr

You do it at your own risk.

3. die Spatzen pfeifen es von den Dächern / es ist ein offenes Geheimnis

It's common knowledge that she's unhappy.

4. nach reiflicher Überlegung

On second thoughts, that's not a bad idea at all.

5. auf der faulen Haut liegen / eine ruhige Kugel schieben

With his new company he is certainly sitting pretty.

6. die goldene Mitte

The happy medium is best: not too long and not too short.

7. a. schnell schalten / begreifen

He's quick on the uptake.

b. ≠ eine lange Leitung haben / schwer von Begriff sein

≠ He's slow on the uptake.

8. es ist ihm entschlüpft / herausgerutscht

He didn't mean to say it; it just slipped out.

9. etwas überschlafen / guter Rat kommt über Nacht

I can't answer now. Let me sleep on it.

10. Lunte (den Braten) riechen

I smelt a rat when he started giving me evasive answers.

11. alte Geschichten nicht aufwärmen / aufrühren

Sure, you can ask him if you want, but I would let sleeping dogs lie.

12. das Kind beim Namen nennen

Let's call a spade a spade.

13. es ist mir entfallen

Please excuse me but your name has slipped my mind.

14. die Würfel sind gefallen / die Entscheidung ist getroffen / es muss kommen wie es muss

You can do nothing. The die is cast.

15. zur Sache kommen

Stop beating about the bush. Let's get down to brass tacks.

16. nicht locker lassen

Stick to your guns.

IDIOMS

1. without reservations / with no ulterior motive

Ich glaube wirklich, dass er es ohne − − − gesagt hat.

2. to have a sweet tooth

Meine Tochter ist − − − − − − .

3. to put two and two together

Das ist alles, was ich Ihnen sagen kann. Ziehen Sie selbst ihre

− − − −

− − − − daraus.

4. to upset the apple-cart

Die Bande arbeitete jahrelang erfolgreich in diesem Viertel, bis die Polizei kam und ihr einen Strich durch die − − − − − − .

5. touch and go / a close thing

Mit − − − − − − haben wir es geschafft. Es stand − − − − − − − − − , ob wir es shaffen würden.

6. you're getting warm.

Raten Sie weiter!
− Sie haben's − − − .
− Jetzt wird's − − − .

7. it's ten to one (I give you ten to one)

Ich wette eins − − − − − − , dass er nicht schreibt.

8. if the worst comes to the worst

Nimm nicht zu viele Sachen mit,

− − − −

− im − − − − − − ,

− im − − − , / − N − − − .

kann dir Petra etwas borgen

9. to get a word in edgeways

Sie schwätzt die ganze Zeit und lässt niemand zu − − − − − − .

10. to keep a tight rein on s.o.

Er hält seine Angestellen − im − − − .

11. a Jack of all trades

Was für ein Kerl dieser Friedrich doch ist; er ist ein − − − / − − − .

12. every dog has its day

Es ist unvermeidlich, dass er auch einmal gewinnt.
− Jeder hat einmal − − − − − − − − − .
− Auch ein blindes Huhn − − − − − −
− − − − − − .

13. to come to a head

Die Verhandlungen dauern schon zwei Wochen, aber jetzt kommt es zur − − − .

14. all's well that ends well

Ende gut, − − − − − − .

15. mum's the word

Bitte − sagen Sie kein − − − ,
− halten Sie − − − − − − ,
wenn Sie sie sehen.

REDENSARTEN

1. ohne Hintergedanken

I truly believe he meant it without reservations.

2. ein Leckermaul sein

My daughter has a sweet tooth.

3. Schlussfolgerungen / Schlüsse ziehen

That's all I can tell you, but you can put two and two together.

4. jm. einen Strich durch die Rechnung machen

The gang worked the area successfully for many years but then the cops came in and upset their apple-cart.

5. mit knapper Not / es stand auf Messers Schneide

We made it, but it was touch and go.

6. gleich haben Sie's

Guess again. You're getting warm.

7. eins zu zehn wetten

It's ten to one that he won't write.

8. schlimmstenfalls / im schlimmsten Fall / im Notfall / notfalls

Don't take so many things with you; if the worst comes to the worst, Petra will lend you something.

9. jn. nicht zu Wort kommen lassen

She talks so much no one can get a word in edgeways.

10. jn. im Zaum halten / jn. kurz halten

He keeps a tight rein on his employees.

11. ein Tausendkünstler / Allerweltskerl

What a guy Friedrich is! A real Jack of all trades.

12. einmal Glück im Leben haben / auch ein blindes Huhn findet mal ein

He's sure to win some time. Every dog has its day.

13. zur Entscheidung kommen

They've been arguing for two weeks. Things will come to a head soon..

14. Ende gut, alles gut

All's well that ends well.

15. kein Sterbenswörtchen sagen / den Mund halten

Don't say anything when you see her. Mum's the word.

130

IDIOMS

1. **to take the words out of s.o.'s mouth**

— Sie haben mir das Wort aus dem — — —
— — —.
— Das ist genau das, was ich — — — — — —.

2. **to jump out of the frying-pan into the fire**

Mit ihrer zweiten Ehe, ist Sue vom Regen in die — — — gekommen.

3. **to sweat blood (and tears) / to sweat bullets**

Sie hat vor der Prüfung — — — (und — — —) geschwitzt.

4. **to work wonders**

Das — — — Wunder.

5. **to think twice**

Das hört sich gut an, aber ich würde es mir — — — — — —.

6. **if my memory serves me right**

Wenn ich mich — — — — — —, kommt er morgen.

7. **to have the wherewithal**

Das Programm dieser Reise sieht sehr interessant aus, wenn Sie
— es — — — — — — können.
— die — — — — — — — — —.

8. **right up my alley**

— Jazz ist genau — — — — — — für mich.
— Das ist genau meine — — —.

9. **like father, like son**

— Wie der Vater so — — — — — —.
— Der Apfel fällt nicht weit — — — — — —.

10. **to champ at the bit**

Sie knirscht — — — — — — — — —.

11. **to cover one's expenses**

Wenigstens ist er auf seine — — — — — —.

12. **do unto others as you would have others do unto you**

Was du nicht willst, dass man dir tu', das füg auch keinem — — — — — —.

13. **to fall hook, line and sinker**

Leichtgläubig wie er ist, ist er dem Kaufmann vollständig — — — — — — — — — gegangen.

14. **coming along nicely**

Machen Sie sich keine Sorgen! Die Dinge sind auf — — — — — —.

15. **to bury the hatchet / let bygones be bygones**

Komm, trinken wir ein Bierchen und
— begraben — — — — — —.
— rauchen — — — — — —.

16. **children of the first marriage.**

Das sind seine Kinder aus — — — — — —
— — —.

17. **there's no place like home**

Zu Hause ist es — — — — — — —.

REDENSARTEN

1. jm. das Wort aus dem Mund nehmen / das ist genau das, was ich sagen wollte

   You took the words right out of my mouth.

2. vom Regen in die Traufe kommen

   Sue jumped out of the frying-pan into the fire with her second marriage.

3. Blut (und Wasser) schwitzen

   She sweat blood and tears before her exams.

4. Wunder wirken

   That works wonders

5. sich etwas zweimal überlegen

   It may sound good but I would think twice about it.

6. wenn ich mich richtig erinnere

   If my memory serves me right, he's coming tomorrow.

7. sich etwas leisten können / die Mittel dazu haben

   The programme of the trip looks very interesting if you have the wherewithal.

8. genau das Richtige /* genau meine Kragenweite

   Jazz is right up my alley.

9. wie der Vater, so der Sohn / der Apfel fällt nicht weit vom Stamm

   Like father, like son

10. mit den Zähnen knirschen

    She's champing at the bit.

11. auf seine Kosten kommen

    At least he covered his expenses.

12. was du nicht willst, dass man dir tu', das füg auch keinem andern zu

    Do unto others as you would have others do unto you.

13. * vollständig auf den Leim gehen

    Credulous as he is, he fell hook, line and sinker for the salesman's pitch.

14. es ist auf bestem Wege

    Don't worry. Things are coming on nicely.

15. das Kriegsbeil begraben / die Friedenspfeife rauchen

    Let's bury the hatchet over a glass of beer.

16. aus der ersten Ehe

    They're the children of his first marriage.

17. zu Hause ist es am schönsten

    There's no place like home.

132

IDIOMS

1. a question of life and death

Im Auto müssen Sie sich anschnallen. Es ist eine Frage — — — — — — — — — — — —.

2. to pave the way

Der Botschafter versuchte, den Weg — — — / — — —.

3. walls have ears

Vorsicht, was Sie sagen. Die Wände — — — — — —.

4. to pull a fast one

— Er hat uns mit dem Vertrag ganz schön — — —,
— übers — — — — — —,
aber wir werden es ihm heimzahlen.

5. ignorance is bliss

Sagen Sie ihm nichts. Was er nicht weiss, macht ihn — — — — — —.

6. why the hell! / why on earth!

Warum — — — — — — hast du das gemacht?

7. double or quits / nothing

Alles — — — — — —. Einverstanden?

8. Have you got a light ?

Haben Sie — — —?

9. bottle-washer and chief cook

Theoretisch bin ich der Chef, aber in Wirklichkeit bin ich das Mädchen — — — — — —.

10. well done!

Gut — — —!

11. to be in the dog-house with s.o.

Es tut mir leid. Aber damit haben Sie es sich mit mir — — —.

12. to help oneself to

Bitte, — — — — — — — — — doch.

13. to bet one's bottom dollar

— Sie können Gift — — — — — —,
— Sie können ihr — — — — — — — — —,
dass es nicht stimmt.

14. you had better . . .

Sie — — — — — — aufhören zu trinken, wenn Sie Auto fahren wollen.

15. to fight City Hall

Geben Sie es auf gegen — — — — — — — — — — — —.

16. well said !

Gut — — —.

17. to stick one's neck out for s.o.

Ihr Chef hält seinen — — — — — — sie hin. Hoffentlich muss er es nicht ausbaden.

18. where the sky's the limit

Amerika ist das Land der — — — — — —.

19. to shoot the works / to go for broke

Natürlich ist es ein Risiko, aber wir wollen alles
— aufs — — — — — —.
— auf eine — — — — — —.

133

REDENSARTEN

1. es ist eine Frage von Leben und Tod	You should attach your safety-belt in the car. It's a matter of life and death.
2. den Weg ebnen / bahnen	The ambassador sought to pave the way.
3. die Wände haben Ohren	Watch what you say here. Even the walls have ears.
4. jn. reinlegen / jn. übers Ohr hauen	He pulled a fast one on us with the contract but we'll get him yet.
5. was ich nicht weiss, macht mich nicht heiss	Don't tell him. Ignorance is bliss.
6. warum zum Teufel!	Why on earth did you do that!
7. alles oder nichts	Double or nothing, O.K. ?
8. haben Sie Feuer ?	Have you a light?
9. Mädchen für alles sein	In principle I'm the boss, but in reality I'm the chief cook and bottle-washer.
10. gut gemacht!	Well done!
11. es sich mit jm. verscherzen	I'm sorry but that's put you in the dog-house with me.
12. sich bedienen	Please help yourself.
13. Gift drauf nehmen / sein letztes Hemd wetten	You can bet your bottom dollar you're wrong.
14. Sie sollten lieber ...	You'd better stop drinking if you want to drive.
15. gegen Windmühlen kämpfen	Give up. You can't fight City Hall / the Establishment.
16. gut gesagt	Well said!
17. seinen Kopf für jn. hinhalten	The boss is sticking his neck out for her. I hope there are no repercussions.
18. das Land der unbegrenzten Möglichkeiten	In America the sky's the limit.
19. alles aufs Spiel setzen / alles auf eine Karte setzen	Sure, it's a gamble but we decided to go for broke.

IDIOMS

1. to throw good money after bad

Hören Sie auf. Es hat keinen Zweck, sein Geld aus dem — — — — — —.

2. to bring home the bacon

Er schreibt, und sie
— kommt für den — — — — — —.
— verdient — — — — — —.

3. to keep up with the times

Sie altert nicht, weil sie mit der — — — — — —.

4. to hit the jackpot / to strike it rich

Toll! Sie haben das grosse — — — — — —.

5. the long way home / around

Das Wetter war so herrlich, dass wir
— noch etwas — — —
— einen — — — machten.

6. out of the blue

Seine Bemerkung kam
— wie aus — — — — — —
— — — —.

7. to come out / on the market

In Deutschland ist dieses Modell schon lange käuflich, aber in anderen Ländern
— — — — es erst nächstes Jahr — — —.
— — — — es erst nächstes Jahr auf — — —
— — — — — —.

8. in the long run

Auf — — — — — — wirken so viele Beruhigungspillen sicher schädlich.

9. to explode / blow up / hit the ceiling

Hast du das gehört? Ich könnte vor Wut
— — — —.
— — — — — — — — —.

10. to give s.o. the third degree/ to put s.o. through the wringer

Der Polyp hat ihn — — — — — — — — — gedreht, aber er hat nichts gesagt.

11. to be an absent-minded professor

Er hat schon wieder seinen Regenschirm vergessen. Er ist
— zerstreut wie — — — — — —.
— immer woanders mit — — — — — —.

12. to be low man on the totem pole / come off worst

Er hat beim Wettkampf — — — — — — abgeschnitten.

13. to be hard of hearing

Seit meinem Unfall bin ich etwas — — —.

14. to be on the ball

Sie ist nicht nur sehr hübsch, sondern auch — — — — — —.

1. **das Geld aus dem Fenster werfen**

Stop now. There's no use throwing good money after bad.

2. **für den Unterhalt aufkommen / die Brötchen verdienen**

He writes, and she brings home the bacon.

3. **mit der Zeit gehen**

She doesn't get old because she keeps up with the times.

4. **das grosse Los gezogen**

Wow. You hit the jackpot.

5. **bummeln / einen Umweg machen**

The weather was so nice that we took the long way home.

6. **/ aus heiterem Himmel / unerwartet**

His remark came out of the blue.

7. **herauskommen / auf den Markt kommen**

In Germany this model has been available for a long time but it's not coming out abroad until next year.

8. **auf die Dauer**

That many sedatives must be harmful in the long run.

9. **vor Wut platzen / die Wände hochgehen**

Did you hear what he said ? I could hit the ceiling.

10. **jn. durch die Mangel drehen**

The cop gave him the third degree but he said nothing.

11. **zerstreut sein wie ein Professor / mit den Gedanken woanders sein**

He left his umbrella again. What an absent-minded professor!

12. **am schlechtesten abschneiden**

He was low man on the totem pole at the contest

13. **schwerhörig sein**

Since my accident I've been a bit hard of hearing.

14. **auf Draht sein**

She's not only pretty but she's on the ball, too.

1. to go to one's head	Das viele Geld ist ihr zu — — — — — —.
2. a sly fox / a deep one	Er — hat es faustdick — — — — — — — — —. — ist listig wie — — — — — —. — ist mit allen Wassern — — —.
3. to blackball / blacklist s.o.	Er steht auf — — — — — — — — —.
4. to take pains / a lot of trouble with stg.	Er ist sehr tüchtig und gibt sich mit seiner Arbeit grosse — — —.
5. without a shadow of doubt	Er ist ohne — — — der beste Violonist der Welt.
6. to twist s.o. round one's little finger	Sie kann ihn um den — — — — — — — — —.
7. a little bird told me.	— Mein kleiner Finger hat's mir — — —. — Das habe ich an deiner — — — abgelesen.
8. to keep good time	Die Uhr ist zwar billig, aber sie — — — — — —.
9. if the shoe fits, wear it	Wen's juckt, der — — — — — —.
10. to have stick-to-it-iveness	Peter hat die — — —, die dir fehlt.
11. too many cooks spoil the broth.	Viele Köche verderben — — — — — —.
12. to give s.o. a snow-job / soft-soap s.o.	Hör zu, wie er ihr Honig ums Maul schmiert!
13. take it easy	— — — / — — — ! Ich habe es nicht so gemeint.
14. stick it out / never say die	— — — Sie — — — !
15. to carry a torch for s.o.	Es ist schon 3 Jahre her, dass sie sich getrennt haben, aber — er hängt immer noch — — — — — —. — er kann sie einfach — — — — — —. — er ist immer noch in Sie — — —. — sie geht ihm immer noch nicht aus — — — — — —.
16. to stew in one's own juice	Ich helfe ihm nicht mehr. Er soll — im — — — — — — — — —. — die Sache — — — — — —.
17. to go at a snail's pace / to be as slow as molasses	Sie — — — — immer. — geht immer im — — —.

REDENSARTEN

1. **zu Kopf steigen**	All that money has gone to her head.
2. **er hat es faustdick hinter den Ohren / er ist listig wie ein Fuchs / mit allen Wassern gewaschen sein**	He's a sly one.
3. **auf der schwarzen Liste stehen**	He's on the blacklist
4. **sich Mühe geben**	He's very efficient and takes a lot of pains with his work.
5. **ohne Zweifel**	Without a shadow of doubt he is the greatest violinist in the world.
6. **jn. um den kleinen Finger wickeln**	She can twist him round her little finger
7. **mein kleiner Finger hat's mir verraten / das habe ich an deiner Nasenspitze abgelesen**	A little bird told me.
8. **richtig (falsch) gehen**	It's an inexpensive watch but it keeps good time.
9. **wen's juckt, der kratze sich**	If the shoe fits, wear it.
10. **Ausdauer haben**	Pete has the kind of stick-to-it-iveness that you lack.
11. **viele Köche verderben den Brei**	Too many cooks spoil the broth.
12. **jm. Honig ums Maul schmieren**	Listen to the snow-job.
13. **nimm's leicht**	Take it easy! I didn't mean it that way.
14. **durchhalten**	Never say die!
15. **hängen an jm. / jn. nicht vergessen / in jn. vernarrt sein / jm. nicht aus dem Kopf gehen**	It's three years since they broke up and he's still carrying a torch.
16. **die Sache selbst ausbaden**	I'm through with him. He can stew in his own juice.
17. **trödeln / im Schneckentempo gehen**	She goes at a snail's pace.

138

IDIOMS

1. give the devil his due

Jedem das — — —.

2. to be quits with / to settle the score

Ich habe ihm sein Geld zurückgegeben und jetzt sind wir — — —.

3. to see through s.o.'s game

Er hat uns bald — — — — — — — — — gesehen.

4. a man's home is his castle

Er ist Herr im — — — — — —.

5. to get the red-carpet treatment

Unsere Sportler sind wirklich — — — empfangen worden.

6. to play second-fiddle

Er hat es satt, immer nur die zweite — — — — — — — — —.

7. to get stg. straight from the horse's mouth / first-hand

Diese Neuigkeit weiss ich aus — — — — — —.

8. to have several irons in the fire.

Er hat mehrere Eisen — — — — — —.

9. as the story goes

Soviel ich — — — — — —.

10. room and board

Der Preis versteht sich — für — — —.

11. let bygones be bygones

Schwamm — — —!

12. a wash and set

Waschen und — — —.

13. to turn the clock back

Die Entscheidung ist gefallen, man kann sie nicht mehr — — — — — —.

14. prevention is better than cure

Vorbeugen ist besser — — — — — —.

15. it's as plain as the nose on your face

— Das liegt — — — — — — — — —.
— Das springt — — — — — — — — —.

16. to lead the life of Riley / have it easy

Seitdem er die Tochter seines Chefs geheiratet hat, lebt er wie Gott — — — — — —.

17. to be in seventh heaven / walking on air

Schau mal, wie glücklich sie ist.
— Sie ist im — — — — ——.
— Der Himmel hängt ihr — — — — — —.

18. as blind as a bat

Sie ist blind wie — — — — — —.

19. tastes differ / there's no accounting for tastes / to each his own

Mir gefällt der Pullover nicht. Na ja,
— die Geschmäcker — — — — — —.
— über Geschmack lässt sich — — —.

20. to skate on thin ice

An Ihrer Stelle würde ich momentan nicht um Gehaltserhöhung bitten. Da berühren Sie ein — — — — — —.

139

REDENSARTEN

1. jedem das Seine	You must give the devil his due.
2. quitt sein	I gave him back the money and that settles the score between us.
3. jm. in die Karten sehen	He soon saw through our game.
4. Herr im eigenen Haus sein	A man's home is his castle.
5. fürstlich empfangen werden	Our athletes really got the red-carpet treatment.
6. die zweite Geige spielen	He's tired of playing second-fiddle.
7. etwas aus erster Hand wissen / aus sicherer Quelle wissen	I got it straight from the horse's mouth.
8. mehrere Eisen im Feuer haben	He has several irons in the fire.
9. soviel ich gehört habe	As the story goes . . .
10. Vollpension	The price includes room and board.
11. Schwamm drüber	Let bygones be bygones.
12. Waschen und legen	A wash and set.
13. rückgängig machen (etw.)	The decision is taken and there is no turning the clock back.
14. Vorbeugen ist besser als heilen	Prevention is better than cure.
15. das liegt auf der Hand / springt einem in die Augen	It's as plain as the nose on your face.
16. wie Gott in Frankreich leben	Since marrying the boss's daughter, he's been leading the life of Riley.
17. im siebten Himmel sein / der Himmel hängt ihr voller Geigen	Look how happy she is. She's in seventh heaven.
18. blind wie ein Maulwurf	She's as blind as a bat.
19. die Geschmäcker sind verschieden / über Geschmack lässt sich streiten	I don't like that pullover, but to each his own.
20 ein heikles Thema berühren	If I were you. I wouldn't ask for a raise, just now. You're skating on thin ice there.

IDIOMS

1. **that's another matter / a horse of another colour**

Es ist — — — — — — — — — .
Das steht — — — — — — — — — — — — .

2. **to rack one's brains**

Ich habe mir den Kopf — — — aber das Wort ist mir eingefallen.

3. **better late than never**

Lieber spät als — — — — — — .

4. **to catch s.o. redhanded / with the goods**

Der Taschendieb wurde
— auf frischer — — — — — — .
— in flagranti — — — .

5. **one's bread and butter / one's livelihood**

Hoffentlich müssen sie den Laden nicht schliessen. Es ist ja schliesslich ihr — — — .

6. **to buy stg. for a song / dirt cheap**

Wir haben es auf dem Flohmarkt für
— ein — — — gekauft.
— einen — — — gekauft.
— einen — — — gekauft.

7. **come what may / whatever happens**

Was auch immer — — —, ich werde mein Wort nich zurücknehmen.

8. **I could use (a drink)**

Ich hätte — — — — — — ein Gläschen — — — .

9. **going to the dogs**

Unser Geschäft — geht — — — — — — — — — .
— geht — — — .

REDENSARTEN

1. **das ist eine andere Frage / das steht auf einem andern Blatt**

   That's a horse of another colour.

2. **sich den Kopf zerbrechen**

   I've racked my brains but I can't think of the word.

3. **lieber spät als gar nicht**

   Better late than never.

4. **jn. auf frischer Tat ertappen / in flagranti erwischen**

   The pickpocket was caught redhanded.

5. **der Broterwerb sein**

   Let's hope they won't have to close the store. After all, it's their bread and butter.

6. **etwas für ein Butterbrot / für einer Spottpreis / für einen Pappenstiel kaufen**

   We bought it for a song at the Flea Market.

7. **was auch immer geschieht**

   Come what may, I will never go back on my word.

8. **ich hätte nichts gegen . . . einzuwenden**

   I could use a drink.

9. ***vor die Hunde gehen, flöten gehen**

   Our business is going to the dogs.

142

ADVERBS, CONJUNCTIONS, ETC.

ADVERBIEN, KONJUNKTIONEN, USW.

1. hardly, barely, only just	kaum, fast nicht, beinahe nicht, eben erst
2. anyway, anyhow, all the same	dennoch, trotz allem, trotzdem, gleichwohl, dessen ungeachtet
3. one out of five	jeder fünfte
4. on purpose	absichtlich, mit Absicht, extra, vorsätzlich
5. in any case, at any rate	wie dem auch sei, jedenfalls, auf alle Fälle, auf jeden Fall
6. however	jedoch, doch, aber, indessen
7. at once, immediately	sofort, augenblicklich, gleich, unverzüglich, auf der Stelle, sogleich, unmittelbar, prompt, auf Anhieb
8. although	obwohl, wenn auch, obgleich, wenngleich, wennschon, obschon
9. in spite of	trotz (+ gen.), ungeachtet (+ gen.)
10. together	zusammen, gemeinsam, miteinander
11. not any more, any longer	nicht mehr, nicht länger
12. every other week	jede zweite Woche, alle zwei Wochen
13. regardless, whatever	egal welcher (welche, welches), egal was für ein (eine), ganz gleich was, was auch immer
14. besides, what's more	ausserdem, darüber hinaus, obendrein, zusätzlich, ferner, weiterhin
15. for good, forever	auf immer, endgültig, für immer und ewig
16. all day long	den ganzen Tag
17. on the whole, by and large	im grossen und ganzen, alles in allem, zusammenfassend
18. nowadays	heutzutage, in der heutigen Zeit
19. briefly, in a nutshell	kurz, kurz und gut, kurz und bündig, kurzum, mit einem Wort
20. a little while ago ≠ in a little while	vorhin, vor kurzem, vor kurzer Zeit / in Kürze, gleich, bald
21. beyond	jenseits (+ gen.), darüber hinaus, ausserhalb (+ gen.)
22. as far as . . . is concerned, as regards	so weit es . . . betrifft (+ akk.), was . . . betrifft, in bezug auf, hinsichtlich, in punkto, betreffs, betreffend, bezüglich

23. you're welcome, not at all	bitte schön, bitte sehr, gern geschehen
24. as a matter of course	selbstverständlich, ohne weiteres, anstandslos, natürlich
25. lately, recently	kürzlich, neulich, unlängst, vor kurzem, letzthin, in letzter Zeit
26. at times	manchmal, bisweilen
27. nevertheless	jedenfalls, immerhin, soviel ist sicher
28. afterwards	dann, darauf, nachher, anschliessend, hinterher, danach
29. sooner or later	früher oder später, über kurz oder lang
30. at first	zuerst, zunächst, zu Beginn, am Anfang, anfangs
31. definitely	sicher, bestimmt, sicherlich, zweifellos
32. by (June)	bis (Juni)
33. all over, everywhere	überall, allerorts, allenthalben
34. as of today, from Tuesday on	von heute ab, ab heute, von Dienstag an
35. this time next week	heute in acht Tagen, heute in einer Woche
36. as a matter of fact	tatsächlich, in der Tat, wirklich, in Wirklichkeit, eigentlich
37. if not, otherwise	wenn nicht, sonst, andernfalls
38. short-lived	kurzlebig, vorübergehend, von kurzer Dauer
39. the following night (tomorrow)	morgen abend = tomorrow night / am nächsten Abend, am Abend darauf
40. shortly before	kurz vorher, kurz bevor, kurz zuvor
41. from time to time, now and then	dann und wann, von Zeit zu Zeit, ab und zu, gelegentlich, hin und wieder
42. apart from	abgesehen von, ausser, mit Ausnahme von, ausgenommen
43. consequently, that's why	also, daher, deshalb, deswegen, darum, folglich, infolgedessen, aus diesem Grund
44. for instance	zum Beispiel, beispielsweise
45. /it looks as if, it's possible / probable that	/es sieht so aus, als ob . . .; es ist zu vermuten, dass . . .; es scheint, als ob . . .; es ist wahrscheinlich / möglich, dass . . . ; möglicherweise, vielleicht

ADVERBIEN, KONJUNKTIONEN, USW.

46. round about, just about — ungefähr, etwa, zirka, um . . . herum, schätzungsweise

47. owing to, due to — wegen, infolge von, dank . . . (+ gen.) auf Grund . . . (+ gen.)

48. prior to — bevor, vor

49. in the same way, likewise — ebenso, gleich, auf dieselbe Art und Weise, wie auch

50. altogether, completely — ganz und gar, völlig, hundertprozentig, durch und durch, vollständig

51. no wonder — kein Wunder, dass . . . , es ist nicht verwunderlich, dass . . . ; es ist nicht erstaunlich, dass . . .

52. first and foremost — zuerst, vor allem, vor allen Dingen, in allererster Linie

53. presumably — wahrscheinlich, voraussichtlich, aller Voraussicht nach

54. once and for all — ein für allemal

55. of long-standing — alt, langjährig

56. somehow — irgendwie, auf irgendeine Weise

57. all the more since... — um so mehr, seit ; zumal

58. as we go along — nach und nach, allmählich, mit der Zeit

59. as for . . . , as far as . . . goes — hinsichtlich, in Bezug auf, was . . . betrifft

60. in the middle (of) — mittendrin, mitten unter (in, auf)

61. on the verge of, about to — in Begriff sein zu, dabei sein etwas zu tun

62. we might as well — wir können genau / gerade so gut . . .

63. if so — in diesem Fall, wenn ja, dann

64. an hour or so — etwa / zirka / ungefähr eine Stunde

65. by far — bei weitem, weitaus

66. ages ago — vor Urzeiten, vor Ewigkeiten, es ist schon lange her, vor langer Zeit, vor Jahren

67. unless — ausser wenn . . . ; es sei denn, dass . . .

68. by the day / month . . . — pro Tag, täglich / monatlich, pro Monat, im Monat

69. if the worst comes to the worst — im schlimmsten Fall, schlimmstenfalls, wenn alle Stricke reissen

70. on top of that, into the bargain — noch dazu, obendrein, zusätzlich, zudem, ausserdem

ADVERBS, CONJUNCTIONS, ETC

71. in due time, in good time — zu gegebener Zeit, rechtzeitig, zur rechten Zeit, pünktlich

72. out of the way, far away — weit weg, * weit ab vom Schuss, ganz abseits, *wo sich Füchse und Hasen gute Nacht sagen, *hinter dem Mond, abgelegen

73. in a row — in einer Reihe, hinter-, nacheinander

74. as a rule, generally — in der Regel, meistens, im allgemeinen

75. the next to (the) last day — am vorletzten Tag

76. endlessly — endlos, unaufhörlich, unendlich

77. 100 things at once — hundert Dinge zur gleichen Zeit

78. in the long run — auf die Dauer, schliesslich, schliesslich und endlich

79. few and far between — selten, * alle Jubeljahre, alle Schaltjahre, es kommt nicht oft vor

80. just in case — falls, im Falle, dass . . .

81. pre- / post- war — vor / nach dem Krieg

82. the point is . . . — die Sache ist die, dass . . . ; der wunde Punkt ist, dass . . .

83. in no time at all — im Nu, im Handumdrehen

84. all things considered, all in all — alles in allem; nachdem nun alles gesagt und getan ist

85. a. ex- — früherer (Mann), Ex-Gatte

b. late (husband . . .) — verstorbener (Mann)

86. needless to say — unnötig zu sagen; es erübrigt sich zu betonen; es versteht sich von selbst

87. without fail — ganz bestimmt, unbedingt, sicher

88. what else — was . . . noch, was . . . sonst

89. more than three years / over three years — länger als drei Jahre / über drei Jahre

90. given that, since — da (es feststeht, dass . . .), in Anbetracht (+ gen.)

91. bearing in mind — unter Berücksichtigung (+ Gen.), im Hinblick / in Hinsicht auf (+ Akk.)

92. to such an extent that — in solch einem Ausmass, dass . . . ; derart, dass . . .

147

93. as long as, in so far as	soweit (insoweit als . . .); in dem Masse wie, insofern
94. so as to (not to)	um zu (um nicht zu), um . . . zu
95. all things being equal	wenn alles gut geht, wenn alles * klappt
96. with this in mind	von diesem Gesichtspunkt aus, in diesem Sinne
97. that's what I was getting at	darauf wollte ich hinaus
98. while we're about it	da wir gerade dabei sind, da wir gerade beim Thema sind
99. notwithstanding	ungeachtet dessen, nichtsdestoweniger, trotz (+ gen.)
100. even so	trotzdem, aber, dennoch
101. a. however (rich) he may be	wie (reich) er auch sein mag
b. however hard I work	wie hart ich auch immer arbeite
102. if only	wenn (auch) nur
103. throughout the year, for a whole year	das ganze Jahr hindurch, ein ganzes Jahr lang
104. at random	aufs Geratewohl, auf gut Glück, blindlings
105. in vain, to no avail	vergebens, vergeblich, umsonst, unnütz, nutzlos, sinnlos
106. let alone	ganz zu schweigen von, ohne davon zu sprechen, ohne von . . . zu sprechen
107. whereas	wohingegen
108. herewith	anbei, in der Anlage, beigefügt, hiermit, beiliegend
109. ever so little	ein ganz klein wenig / bisschen
110. far from it	weit davon entfert sein
111. for many a year	jahrelang
112. if it comes to that	wenn es so ist, wenn die Dinge so liegen, wenn die Sache so steht, wenn es so weit kommt . . .
113. but for . . .	ohne, abgesehen von, ausser
114. on the spot, immediately	auf der Stelle, sofort, plötzlich, gleich
115. sideways / inside out / upside down	seitwärts / das Innere nach aussen, ungestülpt / verkehrt

148

ADVERBS, CONJUNCTIONS, ETC.

116. a. whatever	einerlei, was . . . ; was auch immer . . .
b. whichever	einerlei, wer . . . ; wer auch immer . . .
c. whenever	einerlei, wann . . . ; wann auch immer . . .
117. mainly	hauptsächlich, in der Hauptsache, vor allem, vor allen Dingen
118. so many marks / so much money	so und so viel Mark, so und so viel Geld
119. after a fashion	schlecht und recht, so lala
120. for a while	eine Zeitlang, vorübergehend, für kurze Zeit
121. beforehand	vorher, zuvor, vordem
122. indeed	tatsächlich, in der Tat, wahrhaftig, wirklich
123. the sooner, the better	je schneller desto besser
124. at the most	höchstens
125. so far, up to now	bis jetzt, bis dahin
126. on the other hand	dagegen, hingegen, auf der anderen Seite, andererseits
127. among	zwischen, unter, in
128. instead of	anstatt, an Stelle von
129. a. the day before yesterday	vorgestern
b. the day after tomorrow	übermorgen
130. in the meantime	in der Zwischenzeit, inzwischen, unterdessen, mittlerweile
131. so that	damit, auf dass, um zu, so dass
132. suddenly, all of a sudden	plötzlich, auf einmal, * aus heiterem Himmel, *Knall und Fall, * wie aus dem Boden gewachsen
133. all the more reason for . . .	umso mehr Grund haben etw. zu tun
134. as far as I know	soviel ich weiss, meines Wissens
135. to all intents and purposes	im Grunde genommen, eigentlich, praktisch, sozusagen
136. happily, by chance	glücklicherweise, Gott sei Dank, zum Glück
137. short / long term	kurzfristig / langfristig
138. somehow (or other)	irgendwie, auf irgendeine (Art und) Weise

SOME BUSINESS TERMS

SOME BUSINESS TERMS

1. a. assets ≠ liabilities	Aktiva ≠ Passiva
b. stock exchange	die Börse
c. stockbroker	der Makler
d. a share, stock	das Kapital, der Anteil, die Aktie Fracht, die (Schiffs-) Ladung
2. assembly line	das Fliessband
3. mass production ≠ piece work, piecemeal	die Massenproduction ≠ die Einzelstückproduktion, die Einzelanfertigung
4. balance sheet	die Bilanz, die Schlussrechnung
5. a. to balance the books	die Bilanz aufstellen, bilanzieren
b. book-keeping, accounting	die Buchführung, die Buchhaltung
6. a. bank rate	die Bankzinsen
b. minimum lending rate	die Leitzins, or in contexts where necessary to distinguish MLR from its predecessor bank rate and / or from other central bank discount rates, the more literal Mindestausleihzins, Mindestausleihungssatz, Mindestleihzins
c. rate of exchange	der Wechselkurs
d. compound interest	der Zinseszins
7. a. bankruptcy	der Bankrott
b. to go bankrupt, declare oneself insolvent	Bankrott / Pleite machen, Konkurs anmelden
8. a. bargain	ein gutes Geschäft
b. a sale	der Verkauf
9. a. a bid	das Angebot
b. to bid	ein Angebot machen
c. auction sale	die Versteigerung, die Auktion
d. the highest bidder	der Meistbietende
10. board of directors	der Verwaltungsrat
11. briefing	Besprechung, Lagebesprechung
12. errand boy	der Laufbursche
13. a. cash-down, deposit	die Anzahlung
b. hard cash	harte Währung

151

WORTSCHATZ DER GESCHÄFTSWELT

1. a. to print	drucken
b. a printer	ein Drucker
2. department store	das Kaufhaus, das Warenhaus
3. a. a discount	ein Rabatt, ein Preisnachlass
b. something off (for cash payment)	das Skonto
c. to refund, to reimburse	zurückzahlen
4. to endorse	indossieren
5. estate	die Erbschaft
6. an estimate	der Kostenvoranschlag
7. face value	der Nennwert
8. a. to load ≠ to unload	beladen ≠ abladen
b. freight, cargo	die Fracht die (Schiffs-) Ladung
c. dry dock	das Trockendock
9. please advise	bitte, benachrichtigen Sie / geben Sie bitte bekannt
10. a. forwarding agent	der Spediteur
b. middleman	der Vermittler, der Zwischenhändler
11. a. under separate cover	als Extrasendung
b. (please find) herewith / enclosed	anbei, beiliegend, in der Anlage (finden Sie)
12. gold standard	die Goldwährung
13. goodwill	der Ruf
14. a. an investment	die Kapitalanlage (die Investition)
b. to invest	investieren
15. net profit ≠ gross profit	der Reingewinn ≠ der Bruttogewinn
16. a loan	das Darlehen
17. seniority	das Dienstalter
18. wholesale ≠ retail	Grosshandelsverkauf ≠ Einzelverkauf
19. a. freight prepaid ≠ freight collect	frankiert, frei ≠ unfrankiert
b. ex-works	ab Werk

SOME BUSINESS TERMS

1. a. acknowledgement of receipt	die Empfangsbestätigung
b. we have duly received . . .	Wir haben . . . dankend erhalten
2. to hire, take on ≠ to dismiss, lay off	einstellen, anstellen ≠ entlassen, kündigen, * rausschmeissen, * vor die Tür setzen
3. to honour an obligation	eine Verpflichtung nachkommen
4. a. I.O.U.	der Schuldbrief, die Schuldverschreibung
b. security	die Garantie, die Sicherheit
c. a voucher	der Beleg, der Gutschein
d. to vouch for	Garantie geben, bürgen für
5. a merger	die Fusion, der Unternehmenszusammenschluss
6. a. a mortgage	die Hypothek
b. a lease	der Mietvertrag
7. overall picture	der Überblick
8. a. output	die Produktionsleistung
b. turnover	der Umsatz
c. working to capacity	mit vollausgelasteten Kapazitäten arbeiten
9. a. overheads	die Gesamtkosten
b. expense account	die Spesenrechnung
c. expenditures	Ausgaben
10. a. parent company	die Muttergesellschaft, die Hauptniederlassung
b. branch (office)	die Filiale, die Niederlassung, die Tochtergesellschaft
11. poll	die Meinungsforschung, die Umfrage
12. power of attorney	die Prokura
13. quota	die Quote
14. a. rent	die Miete
b. to sublet	untervermieten
15. sample	das Muster
16. a. to rig, to fix	manipulieren
b. to bribe	das Schmiergeld

WORTSCHATZ DER GESCHÄFTSWELT

1. a. a deal	ein Geschäft, ein Handel
b. agreement, contract	der Vertrag
2. a. discount bank	die Diskontbank
b. bank account, checking account	das Bankkonto
c. savings bank	die Sparkasse
3. to settle (a bill)	(eine Rechnung) begleichen
4. schedule	das Programm
5. silent / sleeping partner	der Teilhaber, der stille Teilhaber, der Partner
6. sliding scale	die Gleitskala, der Staffeltarif
7. recession, slump, slack ≠ hike, upward trend	die Rezession ≠ die Konjunktur
8. to smuggle	schmuggeln
9. a witness	der Zeuge
10. a. trade union	die Gewerkschaft
b. strike	Streik
11. a. C.O.D.	mit Nachnahme
b. prepaid	die Vorauszahlung
12. a. due on . . .	zum Zahlungstermin, fällig am . . .
b. remittance	die (Geld) sendung, die Überweisung
c. (bill) outstanding, overdue ≠ paid up	unbezahlte, ausstehende ≠ bezahlte Rechnung
13. a. to underwrite	unterzeichnen, (Versicherung) übernehmen
b. to subsidize	subventionieren, geldlich unterstützen
14 working capital	das Betriebskapital
15. to write off	tilgen, abschreiben
16. it's worthwhile	das lohnt sich, das ist der Mühe wert
17. it's a 'must'	es ist verpflichtend, es ist verbindlich
18. a claim (to claim)	die Beschwerde, die Anzeige (s. beschweren)
19. at a loss to understand	man kann es nicht verstehen
20. to take stg. for granted	etw. als sicher annehmen

154

SOME BUSINESS TERMS

1. to break new ground	in neue Bereiche vorstossen, neue Gebiete erschliessen
2. a backlog	der Rückstand, der Verzug
3. a. to have market potential	Marktpotential haben
b. to be competitive	konkurrenzfähig sein
4. to keep pace with production	mit der Produktion schritthalten
5. supply and demand	Angebot und Nachfrage
6. a lead, a tip	der Tip, der Wink, der Rat
7. leaflet, folder, brochure	der Prospekt, der Reklamezettel, die Broschüre
8. a flaw	der Produktionsfehler
9. spare parts	die Ersatzteile
10. to overbuy	zuviel einkaufen
11. a brainwashing	die Gehirnwäsche
12. storekeeper, shopkeeper	der Kaufmann, der Geschäftsmann, der Ladenbesitzer
13. a. an ad	die Anzeige, die Annonce, das Inserat
b. to advertise	Reklame machen, werben
14. a gimmick	ein Trick
15. income-tax return	die Einkommenssteuererklärung
16. a. by return mail	postwendend
b. a follow-up letter	ein Begleitbrief
17. liable to duty	steuerpflichtig
18. bank note	die Banknote, der Geldschein
19. maintenance (money)	die Unterstützung
20. filing cabinet	der Aktenschrank
21. departmental head	der Abteilungsleiter
22. to entrust / confide in s.o.	jm. etw. anvertrauen
23. we would appreciate it if . . .	wir würden es schätzen, wenn
24. a. handle with care	zerbrechlich, fragil, vorsichtig behandeln
b. damaged	beschädigt, defekt
25. bill of exchange, draft	die Tratte

155

WORTSCHATZ DER GESCHÄFTSWELT

1. a deed	die Urkunde
2. a. cost price	der Selbskostenpreis
b. list price	der Katalogpreis
c. reduction for quantity	Mengenrabatt
3. letter of apology	der Entschuldigungsbrief
4. letterhead	der Briefkopf
5. a. yours faithfully, sincerely yours	mit freundlichen Grüssen, Hochachtungsvoll
b. best regards, fondly	herzlichst, freundlichst
c. with love	liebe Grüsse, viele Küsse

WORDS AND EXPRESSIONS 'NOT TO SAY'

Why this list?

a) To understand and, therefore, be in a position to avoid words that have double meanings and might shock.

b) To understand certain writers whose vocabulary is particularly colourful, and also modern films and records.

c) To give you an uncensored vocabulary, if you want one!

'WAS SIE NICHT SAGEN'

1. bitch	Hure, Weibstück, Schlampe, Luder
2. to neck / pet	abdrücken, abknutschen, tätscheln
3. to be on the make	rangehen, nachstellen, sich angeln, anbändeln, aufreissen
4. a. well-stacked, big busted	gut gepolstert, gut gebaut, kurvenreich, Atombusen, grosser Balkon
b. a dish, a tomato	flotte Biene, kesse Motte, steiler Zahn
5. to raise hell	auf die Pauke hauen, Remidemi machen (bei einer Party), auf den Putz hauen, ein Fass aufmachen, das Schwein herauslassen, loslegen
6. all hell is going to break loose, when the shit hits the fan	der Teufel wird los sein, man wird einen Mordsspass haben
7. a schmuck, an ass, a jackass	ein Rindvieh, ein alter Trottel, ein Idiot
8. tits, boobs	Titten, Miezen, Lollies
9. hooker, whore	Hure, Strassenmädchen, Strichmädchen, Nutte, Schlampe, Schnalle, Metze, Schneppe; Schlitten, Schickse, Flittchen
10. to bitch	nörgeln, quengeln, meckern, keifen n
11. to come	mir kommt's
12. as flat as a board, as a pancake	flach wie ein Brett / wie eine Flunder, (hat) kein Holz vor der Tür
13. go to hell / fuck off	geh zum Teufel, hau ab, scher dich zum Teufel, rutsch mir den Buckel runter, verschwinde, verdufte, zieh Leine
14. lousy / crappy	lausig, mies, ein Scheiss
15. a pimp	Zuhälter, Hurentreiber, Lude, Loddel, Stenz, Strizzi
16. shit! crap!	Scheisse!, Kacke !, Mist!
17. to shit	scheissen, kacken, einen Kaktus setzen
18. a g-string	ein Feigenblatt
19. rubber, trojan, bag	Gummi, Pariser, Präser(vativ), Überzieher
20. to be horny / have the hots	geil sein, sharf sein, einen Samenkoller haben
21. a bastard	Schwein, Scheisskerl, Stinker, Saukerl, Mistbock, Dreckschwein, Schuft, Arsch mit Ohren, Arschloch, Aas

158

1. ass (to swing one's ass)	Hintern, Po, Arsch, Arschbacken (den Hintern schwenken), mit dem Po wedeln
2. bare-assed	nacktarschig
3. a little snot / prick	Rotznase, Scheisser
4. a hell-raiser	Krawallschachtel, Radaumacher, Teufelskerl
5. to have a bull-session, throw the bull around	klatschen, schwatzen, tratschen
6. for Chrissakes!	um Himmelswillen! Kruzitürken! verflucht noch mal! zum Kuckuck noch mal!
7. a good lay	ein guter Fick, ein Betthase, eine tolle Wumme
8. to get an eyeful	ein Auge, einen Blick riskieren
9. a. to be full of hot / air	schwindeln, lügen, Quatsch erzählen,
b. a bull-shitter	ein Windmacher, Schaumschläger, Angeber
10. a. to brown nose s.o./lick s.o.'s ass	jm. in den Arsch kriechen
b. ass-licker	Stiefellecker, Spiechellecker, Schleimscheisser
11. to take a leak / a piss	pissen, pinkeln, strullen, Wasser abschlagen, Wasser lassen
12. to be ac—dc, to swing both ways	zweigleisig / bi(sexuel) / ambivalent sein
13. to fuck / screw	bumsen, ficken, stossen, vögeln, bügeln, bürsten, bimsen, durchfegen, beschlafen
14. to kick up a stink	Stunk machen, Krawall machen, Lärm schlagen
15. an easy lay	ein leichtes Mädchen, Herumtreiberin, Flittchen
16. to be knocked up	angestochen sein, einen Braten in der Röhre haben, sie hat's erwischt
17. hot stuff, a hot cookie	eine heisse Nummer, ein scharfer Zahn
18. to have the curse (period)	seine Tage / die Periode / die Regel / sein Zeug haben
19. you look like hell	du siehst verboten / hundsmiserabel aus
20. I'm as bored as hell	es kotzt mich an
21. to be scared shitless	die Hosen vollhaben, den Schwanz einziehen, in die Hose machen, scheissen
22. to fart	furzen, pumpsen, pupsen, einen ziehen lassen, einen toten Vogel in der Tasche haben, winden

159

'WAS SIE NICHT SAGEN'

1. balls, nuts	Eier, Nüsse, Bälle, Klicker
2. kisser / mug	Fresse, Schnauze, Visage
3. to be up shit's creek	(bis zum Hals) in der Scheisse sitzen
4. asshole	Arschloch, das braune Auge
5. a wolf, fast guy	der Schürzenjäger / schneller Herr / Weiberheld / Windhund / ein flotter Otto
6. he made her / scored with her	er hat sie gehabt, er hat es mit ihr getrieben, er hat es ihr gezeigt, er hat sie flachgelegt (umgelegt)
7. snot	Rotz, Schnodder
8. hickie / love bite	Knutschfleck
9. to have a hard on	einen Steifen / Harten / Ständer haben
10. cock / tool	Das Glied, der Pimmel, die Rute, die Pfeife, der Ständer, der Glücksbringer
11. to make it / go all the way / shack up	es machen / treiben / schaffen / (eine Frau) umlegen
12. I don't give a damm / a shit / a fuck	ich scheiss' d'rauf, das kümmert mich einen Dreck, ich gebe keinen Pfifferling dafür, das ist mir scheissegal
13. a lousy trick	eine Gemeinheit, eine gemeine Tour, ein mieser Trick, ein fieser Trick, eine Schweinerei, ein dicker Hund
14. shut up / shove it	halt' die Schnauze / die Fresse / die Klappe / das Maul
15. dyke / lesbo	Lesberin, kesser Vater, Lesbe
16. fag, fairy	ein Schwüler, Warmer, warmer Bruder, 175er, linker Bruder, einer vom andern Bahnsteig, vom anderen Ufer
17. a hell of a nice guy	ein Prachtkerl / Mordskerl / Pfundskerl / toller Hecht / hunderprozentiger Typ
18. to ball, screw stg. up	etw. versauen, vermurksen, vermasseln, verpatzen, verpfuschen
19. deat-drunk / loaded	stockbesoffen, sternhagelvoll, voll wie eine Strandhaubitze / veilchenblau, kornblumenblau, völlig zu sein

'NOT TO SAY'

1. to goose s.o.	in den Arsch kneifen
2. to go down on s.o. / blow s.o.	jm. einen blasen, französisch verkehren, auf französisch machen, in die Knie gehen, lecken
3. whorehouse, brothel	Hurenhaus, Bordell, Freudenhaus, Puff
4. to pick s.o. up / score with s.o.	s. einen anlachen, jn. aufgabeln, aufreissen
5. that's a load of shit	das ist Scheisse, eine Schweinerei, Sauerei, ein verdammter Mist
6. to be lucky	Schwein haben
7. a. yid	Jude
b. chink	Schlitzauge
c. wop	Makkaronifresser
d. wasp	weisser Spiesser
e. kraut	Deutscher
f. spade, nigger	Neger, Schwarzer
g. jap	Japs
h. whitie	Weisser
8. to play with oneself	wichsen, sich einen abwichsen
9. the head / loo	das Scheisshaus, Klo
10. a French kiss	Zungenkuss
11. to feel s.o. up	fingern, fummeln, aufgeilen
12. to jerk off	Kommen, spritzen lassen
13. cunt	die Fotzen, Katze, Mieze, Pflaume, Muschel
14. to drag one's ass	herumschleichen, den Hintern, Arsch hängen lassen
15. to stuff one's face	s. vollfressen, s. den Bauch, die Wampe, den Wanst vollschlagen
16. it stinks	es stinkt (zum Himmel)
17. to have a wet dream	einen feuchten Traum haben, Flecken ins Bettuch machen
18. they bashed his face in	sie haben ihm die Fresse poliert, verhauen, eingeschlagen
19. he shoots his mouth off / pops off at the mouth	er ist ein Quatschkopf, eine Quasselstrippe

'WAS SIE NICHT SAGEN'

1. you're a pain in the ass

du fällst mir auf den Wecker, du gehst mir auf den Sack, du scheisst mich an

2. he can shove it!, put it up!

das kann er sich in den Hintern stecken, an den Hut stecken, unter die Vorhaut jucken (blasen)

3. she's built like a battleship

Sie ist eine Fregatte, ein Pferd, ein Elefant, ein Schlachtschiff

4. I'll be damned if . . .

ich fresse einen Besen, der Teufel soll mich holen, ich will auf der Stelle verrecken, wenn . . .

5. a pig (cop)

ein Polyp (collective — die Polente)

6. she's knocked around

sie hat sich herumgetrieben, ist durch viele Hände gegangen, hat manches Bett gesehen

7. he has a screw loose

bei dem ist eine Schraube locker, er hat nicht alle Tassen im Schrank, er ist nicht richtig im Oberstübchen, er ist bekloppt, bescheuert

8. to give s.o. the clap

anstecken, den Tripper verpassen